些許的改變

陳詩凱——著

自序

人生是一段換位思考思想的修練

人生是一段換位思考思想的修練，控制了自己的情緒，就能控制自己想要的人際關係。

回想一下，你在任何種類的人際關係，比如朋友關係、情侶關係、同事關係、夫妻關係、上司與部屬關係、親屬關係、同學關係、師生關係等等，是否有過因為遇到某些狀況使你無意識的產生憤怒情緒，被憤怒情緒控制的你使你無法做出正確的判斷、無法解決問題或是解決了狀況但過程中使你自己產生了負面的回饋。

當我在寫這本書時，會不斷地回想起從前的自己，嘴角就會不自覺地往上揚笑了一下，要是當初有現在的思維，或許就不會那樣了，要是當初有現在的情緒管理能力，或許就能避免那些問題了。

當我領悟的時候也只是在去年的時候，原來只要換個角度想，這些問題、壓力、遭遇到的挫折與狀況，只不過是人生修練的一個過程，一個屬於我自己的一個過程。

修練情緒管理是一輩子的過程，無時無刻都在修練著，而這些修練一定有它的意義存在，只是有沒有領悟到而已。

當我領悟到時，我才發現，原來我已經在協助周遭的人解決他們的問題很久了，這種成就感，是屬於我自己的快樂，原來協助他人是多麼幸福的事情，而那些被我協助的人，當他們自己解決自己長久以來的問題後，也能從中領悟到許多事情，進而將這份思維傳播出去，使更多人能得到人生的意義，那些所謂的珍惜、知足、幸福、快樂將會填滿你的後半人生。

（所謂的情緒管理，就是你控制情緒，而不是情緒控制你）

遇到任何問題任何狀況都能有冷靜思考的能力，控制了自己的情緒就有辦法控制自己的思想及行為，使自己遇到的狀況，能夠被你反過來利用這個狀況使自己更美好。

前言

書的力量

還記得自從學校畢業之後，下次好好看看書是什麼時候嗎？其實意思就是（**會看書的人一輩子就是會不停追求知識，不會看書的人就是不會想過從書上尋求自己需要的知識，而是從自己的朋友圈裡尋找自己想要的建議。**）

很遺憾的，這就是台灣人大部分的現況

會看書的人們為什麼會從書裡不停尋求知識呢？為的是（**未來人生的準備**）要明白，有些事情是無法從頭再來的，比如說小孩子學壞了改不了了，創業後失敗了，夫妻吵架離婚了，克制不了自己的情緒與上司吵架被開除了等等。為了避免這些類似的事情發生在我未來的人生中，就會從（書）裡去找到相關的知識，做好準備，迎接挑戰。

而不會看書的人、不會追求知識的人則是只有在遇到重大挫折或狀況時，才（有可能）會尋找書的知識尋求幫助，或是尋求**對的朋友協助**，但那些通常都帶有一些私心。而那些挫折與狀況，是正在發生的當下，如何轉變，就是我這本書的重點。

面對問題、分析問題、解決問題

這就是使自己內心強大的唯一道路，沒有其他途徑。

實際經歷過一些問題、狀況與失敗不見得都是壞事，這會讓你的內心更強大，更為謹慎，只要你有勇氣不要逃避，失敗經驗也是屬於你自己的教科書然後傳承下去。

買了書之後看完了，要再次翻閱它的可能性幾乎是零，原因在於這本書在你的生活日常中實用性並不大，即使自己領悟了你也很難將自己領悟到的事情教導他人，所以我出的書內容盡可能陳述的就是日常生活中非常容易遇到的問題，並且教育讀者如何傳承下去。

CHAPTER 1

CHAPTER 2

CHAPTER 3

CHAPTER 5

CHAPTER 6

CHAPTER 1

第一部

家庭教育／校園教育

第一章
家庭教育

父母的榜樣

言行舉止

家庭教育是每個孩子最早、也是最長時間接觸的人際關係體，孩子一開始模仿學習的對象也就來自於父母，換個角度想，既然來自於父母，父母的言行舉止會被孩子模仿去，身為父親，你做好榜樣了嗎？身為母親，妳也做好榜樣了嗎？當你們想到自己的言行舉止會被孩子模仿去時，是不是該做一些改變呢？不知道怎麼做，還是甚至不知道自己有沒有問題，其實這些都沒關係，當你知道自己準備要為人父母時，你所承擔的責任，是整個家庭及孩子的未來。

兩種心態

一是橋到船頭自然直，這種心態就如同把小孩子的未來通通交給命運。

二是盡可能的做好準備，現在，你已經知道孩子的未來是什麼模樣大部分取決於父母的榜樣，是不是該好好檢視自己，畢竟孩子長大後學壞了、不成材、性觀念偏差等等，跟父母的教育是脫不了關係的，我們必須當一個防火員，而不是救火員。

父母的榜樣跟情緒管理有什麼關係？

養小孩真的是一件非常非常辛苦的事情，不只疲勞轟炸，經濟壓力才是現代台灣許多家庭難以負荷的。當父母受到許多外來的壓力如：經濟壓力、工作壓力、疲勞帶來的壓力、長輩的壓力、夫妻之間的壓力等等，滿天飛的壓力壓著你，想找一些娛樂來放鬆卻因為還要顧小孩而綁手綁腳，壓力無處可發時，情緒就會大受影響，當你無法控制自己的負面情緒時，就會開始無意識的做出不好的言行舉止讓孩子們去模仿，比如夫妻吵架給孩子看、摔東西、甚至拿小孩出氣等等，最後孩子們就極有可能朝不好的方向發展長大成人。

做好萬全準備

還沒出社會的孩子就是不知道父母有多辛苦，壓力到底有多大，因為他們還沒經歷過也還沒到那個階段，這是孩子們思想的角度，加上父母展現出來的言行舉止會被孩子模仿去，想把孩子培養成才，應該是做父母的必須先做好萬全準備，再結婚生子。

控制自己的情緒也是控制自己的行動

父母承受巨大的壓力與疲勞時，就會產生許多負面的情緒，情緒管理好的人，就可以輕易在心中作轉換並且不影響到其他人或是孩子，然後去做自己日常該做的事情。沒有情緒管理的人，就會把自己的怒火發洩給其他人才能得到抒發，或是暴飲暴食，也不見得能夠讓心情好些。在旁人或是孩子的眼中，一個是正常且言行舉止優良的父母，另一個是不知原因老是脾氣暴躁的父母，父母給孩子的榜樣兩者相差之下，時間久了孩子會是什麼樣子其實不難想像。

不必要的自尊心

準備為人父母時，身邊一定有許多可以討教的前輩，甚至有些前輩還會主動來跟你說說養小孩的經驗，但是只要人沒有親身經歷，很容易輕視它。這是必然的，因為用說的跟實際做起來感覺當然不一樣，所以當你以為你準備充足時，不妨再多聽聽他人主動給你的建議，尤其時教育孩子的方法，時常會有想不到的人有著解決你現在困擾的辦法。

選擇性模仿

曾經有一次，我在吃早餐時，看見一位父親帶著一個年齡九歲左右的小孩來吃早餐，一坐下點完餐，父子兩位同時拿出手機開始拼命的玩手遊，餐點送上了也是一邊吃一邊玩。

之後又來了一對父子，父親走在前面，孩子跟在後面邊走邊玩手機遊戲，坐下點完餐後孩子繼續玩手機，父親則是看著報紙。

這兩個案例意思在說，並不是父母怎麼做孩子就一定會模仿，孩子會找自己感興趣的事物當作自己的娛樂，而這些事物就是身邊有的，是可以取得的。

所以書本與遊戲，對於不知道讀書重要性的孩子自然會選擇遊戲，只要父母沒有阻止的話。

誘導孩子對手機遊戲以外的事物感興趣是我們這一輩年輕父母必須仔細思考的課題

家規

對孩子行為的約束力

從日常生活的（什麼可以做）、（什麼不能做）與（倫理道德規範），是孩子成年前必須讓孩子自己重視的，因為成年後必須對自己負責。對許多父母而言，只要孩子們不犯法，似乎就已經滿意了。但當一個孩子從小放縱過度，習慣了之後，本性雖好，但是對自身的慾望卻難以克制，小時候玩玩電腦玩玩手機上課遲到行為不檢等等，似乎無傷大雅，但成年後習慣依然，想要改變是一件難上加難的事情，甚至拒絕改變認為自己是沒問題的，這些大部分都來自家庭教育的問題。

設立家規四原則

一、以身作則

孩子其實不笨，當你在要求孩子一件事情時，如果自己沒做到，孩子其實都是看在眼裡的，只是不會去糾正你，畢竟無法跟父母大小聲，這時候孩子的內心會開始出現矛盾，時間久了，次數約來越多時，孩子會覺得父母不可信任，只會出一張嘴，等到國中後就會出現叛逆行為，也就是叛逆時期，面對一個不可信的父母，只有滿滿厭惡的感覺。

二、說明原因

教育孩子或是約束孩子是無時無刻都會發生的，比如說今天八歲的兒子突然跟你說我想喝咖啡，大部分的父母除了拒絕以外不會再多說什麼，意思就是「不行就不行，沒有為什麼」此時，孩子心中依然留下一個「為什麼不行」疑惑。如果今天你公司的老闆跟你說下個月開始你的工作量是別人的兩倍，當你問老闆為什麼時，老闆則回你「增量就是增量沒有為什麼」想想看這樣是什麼感覺，是不是應該要顧慮孩子的感受，立下規定時也要解釋原因，並且想辦法解釋到孩子的思維有辦法聽懂，這個疑惑就會變成知識。

三、事不過三

當你立了規定，也說明了為什麼，最後就是限定可犯錯的次數了，清楚明白的讓孩子知道第三次就觸發父母的底線，到達那個底線將會有什麼樣的懲罰，對於頑皮的小孩，懲罰是最具約束力的。但是切記，懲罰孩子後記得詢問（今天為什麼會被媽媽罰，為什麼不能做這件事，下次你會不會記得。）讓孩子再次記憶這個家規，詢問完後可以給孩子一個擁抱，或是讓他靜靜，過一陣子在給予物質的安慰。

四、反問法

較為年長的孩子，比較適用反問法，尤其是個人行為或是倫理道德，父母可以事先做好功課，每三天或五天問一次孩子其內容，不但可以約束孩子也能教育孩子新知識，比如「你知道垃圾為什麼要做好分類嗎？」「上次跟你說冰箱門要確定有緊密關好，知道為什麼嗎？」「你還記得為什麼不能吸毒嗎？」「你還記得為什麼不能亂拿不知道是誰的人的東西嗎？」「把你手機拿出來，複習一下什麼是傷害罪，順便查一下強姦罪」孩子可能記得，可能有些忘記，但重點只是要孩子複習，並且跟孩子有所互動，增進感情。

時間性家規

對於日常生活立下時間節點，目的是培養孩子時間觀念，比如「平日要上課家裏所有人都是上午六點半起床」「晚上吃完飯後七點到八點自由活動，八點到九點就是讀書時間，家長則是陪同孩子溫習功課」「晚上九點到九點十分時孩子的洗澡時間，超過了就是最後洗並且負責刷地板」，等孩子上國中時就可以由孩子自行安排時間，再由父母審查。

習慣性家規

建立孩子日常生活的良好習慣，比如「門口鞋子要擺放整齊」「起床棉被要摺好」「回家後衣服要掛好」「家裡的雜物按類別擺好」「看完電視後遙控器就該放在電視旁邊」「自己的碗筷自己洗」「睡前先把明天要穿的衣服準備好」等等，不但可以培養孩子良好的習慣，也能提升孩子的自制力。

行為性家規

對於孩子的個人行為必須長時間從小時候就開始灌輸，而且是發自內心的去做，讓孩子自己認知自己的行為才是對的，並且堅持，比如「垃圾分類，不隨地丟垃圾」「考試不作弊」「不亂拿別人東西」「一生都不抽菸」「不欺負同學」「做人老實不說謊」，對於行為性家規，越年長的孩子會越有自己的想法，也越容易受同學朋友們的影響，這時候就可以用前面所說的（反問法）孩提醒孩子。

教育方針

對孩子未來的期許

只要是做父母的都會希望孩子長大後能夠成才，但是不知道方法的父母大多只能逼迫孩子不停的讀書讀書還是讀書，在這邊要先告訴父母們，孩子的未來是由孩子自己決定，父母則是提供孩子未來的方向及引導孩子走向正確的路，如何培養孩子成為一個會玩、會讀書又有自己興趣才是最好的教育方針。

誘發學習慾望

與其逼迫孩子讀書，不如讓孩子自己產生想讀書的慾望是最好不過的，提前是父母必須在孩子小學時期時花時間教育，方法其實很簡單：

一、律定每天晚上讀書時間，父母必須陪同孩子讀書，這個陪同不是孩子在寫作業父母在旁邊玩手機。

二、盡可能斷絕孩子接觸遊戲產品，尤其是孩子的交友圈，並且灌輸孩子沉迷遊戲對自己未來毫無幫助，而父母自己本身也必需做到斷絕手機遊戲。

三、解決孩子心中的疑惑，讓孩子信任你。

四、幫孩子筆記重點，每周一次幫孩子出考題，每周實施模擬考直到滿分為止。

幫助孩子找對重點來讀書跟考試，當考試的結果超過孩子自己心中的目標時，其成就感就會驅使孩子主動學習並且用對方法，但考試結果不如心中目標時，父母不能安慰也不能責罵，只需要詢問孩子問題在哪裡，是重點不夠詳細，還是模擬考的次數不夠多，下次該如何達到目標，當失敗一次後下次達到目標時，孩子更會有想把書讀好的慾望，這時候父母必須提醒孩子，只須達到自己的目標就好，不需要跟別人比較，否則成就感就會變成虛榮心來到處跟其他同學炫耀。

帶孩子找尋興趣

在這裡建議各位父母，找尋興趣時可以限制孩子區分「運動類別」、「才藝類別」各一種，目的是培養孩子專一技能，而非什麼都想學變成只是玩玩的心態。這兩種類別均可以依父母興趣或是學校有開創校隊、社團來誘導孩子也去學習，當孩子確定找到屬於自己最喜歡的運動及才藝興趣時，如何讓孩子持之以恆就是父母的工作了，方法有：

陪同練習，培養孩子自主性。

購買專業器材，讓孩子對自己的興趣更加肯定。

教育有關知識，如書籍影片等。

盡可能讓孩子參加活動或比賽。

如此可以避免孩子沉迷在手機裡，長大後也可藉興趣抒發自己的壓力或是假日的休閒活動。

專業技能觀念

現在就是一個專業技能的時代，人生最快樂的工作就是把自己的興趣，變成自己的工作，也就是自己養家活口的收入來源，比如說唱歌、打棒球、開飛機、醫生等等，最好是能讓孩子在高中前找到自己的興趣，鼓勵孩子朝這個方向去努力，並且灌輸興趣變成工作的觀念。如果沒什麼特別興趣也不須強求，只需要孩子找到屬於自己專業技能就好，出社會後就是老闆請你來工作，而不是你到處找工作，看老闆臉色工作，為了錢不得以在不開心壓力大的地方工作。

而家庭教育區分為以下三種類型：

全面性家庭教育

父母的榜樣：能夠克制自己的言行舉止，盡可能做好榜樣給孩子看，夫妻從不吵架，對於孩子的任何問題均有良好的回答，時時刻刻都在機會教育。

家規：對於可以做的事情就盡量去做，不能做的事情從不讓步，可以用手機但不能玩遊戲，對於家裡的規定有明確的條例，並且針對倫理道德觀念按年齡層不停教導直到成年。

教育方針：對孩子的課業時時關注，並且用方法教育孩子怎麼讀書，誘導孩子找到讀書的樂趣，並且陪孩子尋找他所喜歡的興趣及專業。

這類型的家庭教育方式會讓孩子承受巨大壓力，雖然不是百分之百，但挺過這些教育的孩子出來都會是精英份子。

嚴格式家庭教育

父母的榜樣：只稍微注意自己的言行舉止，不太在意自己的行為會被孩子模仿去，夫妻可能偶爾在孩子面前吵架，對於孩子的問題，會的才回答，不會的就敷衍過去，有想到才機會教育。

家規：雖然對於倫理道德沒有太多教育，但對小孩十分嚴格，以打罵方式去教育小孩，讓孩子犯一次錯絕對不會有第二次。

教育方針：對孩子課業偶爾關注，不須要第一名，但也不能最後一名，平均不要不合格就好，**在這底線之前什麼娛樂都可以**。

這類型的家庭，宗旨就是：給孩子自主自由快樂的成長環境，提前是不准學壞，否則別怪我不客氣。

放縱式家庭教育

父母的榜樣：父母完全不在乎自己的言行舉止，完全不在意自己的行為會被孩子學去，只要心情不好，別說吵架，甚至拿孩子出氣，對於孩子的問題，只會回答：問那麼多幹嘛。

家規：完全不教育孩子倫理道德，對孩子只稍微嚴格，會打罵教育但也只是偶爾，有時還會灌輸孩子錯誤觀念與習慣，但在此類型父母眼裡完全是對的。

教育方針：完全不在乎孩子課業，對於孩子的未來規劃完全是零，只會陪同孩子一起玩手遊，沉迷了也無所謂。

這類型的父母就是幾乎沒準備沒規劃沒期許，把自己大部分空閒時間給了手機遊戲或是其他娛樂，甚至把教育的工作與責任全推給老師們，所以孩子有問題是老師的錯。

第二章

校園環境

老師們的影響力

代理監護人

如果用一年的時間去換算，孩子們待在學校的時間約有五分之一多左右，前面講述的三種教育家庭，孩子們會在學校的這個環境做比對驗證，老師的身分就如同一個代理監護人一樣，老師的榜樣、老師對於學校規定的執行力及對學生們的教育方針，雖然就短短幾年，但這幾年的時間相處，或許就能把一個放縱式家庭教育的孩子拉回正途。在父母看不見的校園環境這個死角裡，只能透過老師們的觀察去理解孩子們在沒有父母管控的情況下是什麼想法，這樣父母在家庭教育時才能做什麼樣的微調，所以對於「教師」這個職業，責任是非常重大的。

全面性教師

老師的榜樣：能夠克制自己的言行舉止，盡可能做好榜樣給孩子看，對孩子只有嚴格，對於孩子的任何問題均有良好的回答，時時刻刻都在機會教育，並且會與每位孩子的父母**共教**。

校規：對於學校的規定從不讓步，還會多教育學校以外的倫理道德知識，不予許有同學間有爭吵霸凌的事情出現。

教育方針：對孩子一視同仁無論成績好壞，並且用方法教育孩子怎麼讀書，誘導孩子找到讀書的樂趣，畢業前定會陪孩子尋找他所要追逐的專業技能與興趣。

教育型教師

老師的榜樣：大致會注意自己的言行舉止，也會做好榜樣給孩子看，該嚴格時嚴格該放鬆時放鬆，只回答有關課本內容知識，有狀況才機會教育，孩子出現問題才與父母共教。

校規：對於學校的規定看學生表現偶爾讓步，有想到或遇到才會教育學校以外的倫理道德知識，不予許有同學間有爭吵霸凌的事情出現。

教育方針：教學時非常認真，盡可能讓孩子用最簡單方式理解教學內容，但僅限於課本內容，對於孩子們的畢業未來不過問，或是只關注成績好或是品行好的學生。

重點關注老師

老師的榜樣：大致會注意自己的言行舉止，也會做好榜樣給孩子看，只要不出事就嚴格少放鬆多，只注重成績排名的前三分之一或是四分之一的學生，只會與這些孩子的父母共教

校規：只要不出事就當作沒看到，重點學生沒事就好，也只會教育這些學生以外的倫理道德知識，只要不傷害到這些學生就給其他學生方便。

教育方針：我上我的課，我只要前三分之一或是四分之一的學生有認真聽就好，其他學生不要影響到他們做什麼都可以，但是對於孩子畢業後的規劃全班都不會過問。

第三章
人格定型

交友圈九宮格

在父母的榜樣、家規及父母教育方針的教導下，就會產生出孩子的「本性」及「慾望的控制力」

在老師的榜樣、校規及老師的教育方針的教導下，孩子有四分之三的時間在家庭教育培養出來的「本性」與校園環境對比驗證後最終得到的是一個孩子的「人格」，而這個人格，是會受交友圈影響的，而且非常的容易。「有關於慾望的課題是下本書的內容」

簡單的用交友圈九宮格來解釋如何被影響

父母對子女→是屬於上對下的關係

老師對學生→是屬於上對下的關係

同學對同學→平等關係

在上對下的關係中，處於下的關係即使對上有所不滿，意見不合也不太會反抗，而交友圈的平等關係中，互相的立場是一樣，意見交換比對驗證後相處久了，思想便容易受朋友影響，這就是很多父母告訴我，我沒什麼在管孩子，孩子長大也乖乖的，嚴格的管孩子處處替

家庭教育／校園環境	全面性教育家庭 榜樣：優良 規定：嚴格 教育：嚴格	嚴格管教家庭 榜樣：中庸 規定：嚴格 教育：中庸	放縱式家庭 榜樣：鬆散 規定：中庸 教育：鬆散
全面性教育老師 榜樣：優良 規定：嚴格 教育：嚴格	榜樣比對一致 規定比對一致 教育方針比對一致 交友圈：不受影響的只找尋優良的朋友，人格優良	榜樣比對些微不一致 規定比對一致 教育方針比對些微不一致 交友圈：不受影響，什麼朋友都教，人格善良	榜樣比對不一致 規定比對些微不一致 教育方針比對不一致 交友圈：可能受影響，什麼朋友都教但人格善良
教育型老師 榜樣：中庸 規定：中庸 教育：嚴格	榜樣比對些微不一致 規定比對些微不一致 教育方針比對一致 交友圈：不受影響的只找尋優良的朋友，人格優良	榜樣比對一致 規定比對些微不一致 教育方針比對些微不一致 交友圈：不太受影響，什麼朋友都教，人格善良	榜樣比對些微不一致 規定比對一致 教育方針比對不一致 交友圈：不受影響的只找尋鬆散的朋友，人格鬆散
重點關注老師 榜樣：鬆散 規定：鬆散 教育：中庸	榜樣比對不一致 規定比對不一致 教育方針結果些微不一致 交友圈：不太受影響，什麼朋友都交，人格善良	榜樣比對些微一致 規定比對不一致 教育方針比對一致 交友圈：可能受影響，什麼朋友都教但人格善良	榜樣比對一致 規定比對些微不一致 教育方針比對些微不一致 交友圈：不受影響的只找尋鬆散的朋友，人格鬆散

▲家庭教育及校園教育九宮格

他們著想，長大後卻還是學壞了，這些全都是運氣。有可能班級裡全面性家庭教育及嚴格式家庭教育居多，整體學習慾望就會上升，老師也比較會有教學熱忱。也有可能放縱式家庭教育就佔了四分之三，整體學習慾望就會降低，老師的教學熱忱就會受到打擊。

白色兩格所培育出的孩子

成績↓上等、中上

對於未來人生盡可能最好全方面的準備，並且會主動在「書」裡尋找知識，較能控制自己的情緒及慾望，對於自己的下一代也會嚴格且有方法的教育。

淺灰色五格所培育出的孩子

成績↓中上、中等、中下

對於未來不太明確但會好好工作，只有遇到狀況、重大挫折時才有可能會在「書」裡尋找知識，不太能控制自己的情緒及欲望，對於自己的下一代教育方式不太明確。

深灰色兩格所培育出的孩子

成績↓中下、下等

對於未來好無規劃，遇到任何困難及挫折絕對不會「書」裡尋找知識，無法控制自己的情緒及慾望，對於自己下一代的教育方式處於「隨便」的心態。

快樂指數VS.努力指數

就現在而言，台灣已經是一個「已開發國家」了，也就代表我們現在處於一個高科技的環境之下，無分年齡，都在享受這個高科技所帶來的「**安全**」、「**便利**」及「**娛樂**」，「安全」能使人的生命財產受到保障，「**便利**」能讓人們在各方面更有效率，重點則是在於高科技所帶來的「**娛樂**」，所有人都會受影響，不分年齡、不分家庭貧富、不分工作職業，只要「**自制力**」不夠好的人就很容易受到「**娛樂的沉淪**」，這些人絕大部分就是**淺灰色格子及深灰色格子產出的小孩及其父母**。

娛樂指數／努力指數柱狀圖「年代越近代表國家整體開發程度越高」

這個柱狀圖只是想簡單表明台灣現在面臨的問題。

科技必須越來越先進的前提下如何讓新一代的年輕人不要踏入娛樂的沉淪。

當年輕人無意識的選擇沉淪後，就會花大把的時間去娛樂，因為很快樂又舒適，沒有壓力的情況下一但踏入了，就很難再踏出來了。

以一個沉淪的學生及其父母或是有在工作的年輕人，花在娛樂上的時間大概有五小時，上課或上班的休息時間也可能拿來娛樂，假日可能會花十二小時以上。

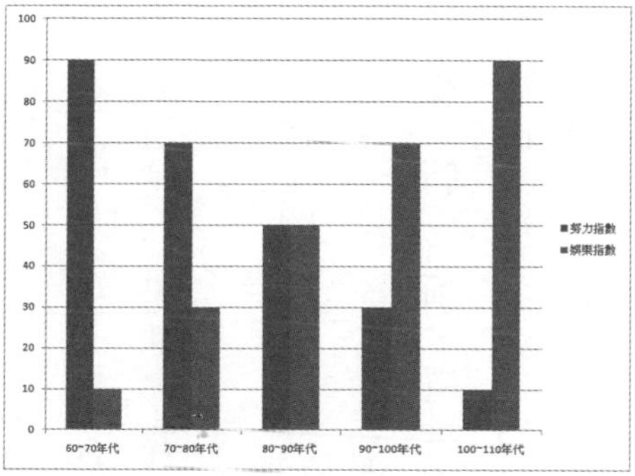

▲快樂指數及努力指數

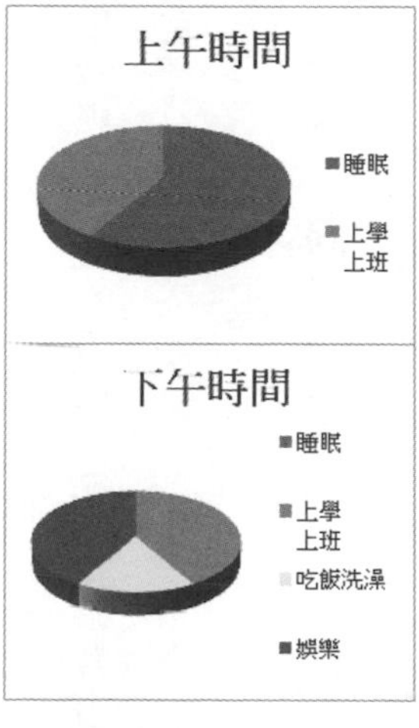

▲時間調配圖檔

但如果是全面性教育家庭的孩子及其父母，就會把娛樂時間減少到圖上原本的五分之一，多出來的五分之四會拿來做更有意義的事情，比如讀書教書、運動才藝、郊遊踏青或是兼職工作補習弱項課業。

生在這個「**安全**」、「**便利**」、「**娛樂**」的時代不是你們的錯，當你知道什麼是「**沉淪**」後，你可以選擇改變自己做好準備，也可以選擇繼續待在這個娛樂指數裡，等你們年紀到了還是必須走進社會、工作賺錢及結婚生子，**當你們人生遇到任何問題時，沒有強大的內心、充足的知識及豐富的經驗在背後支撐你，你只能不斷在失敗中學習，而有些失敗，是無法挽回的。**

生育率

那天我在新聞上看到，有關生育率的問題，矛頭全部指向物價太高、收入太低及經濟的問題。

但在我看來，最主要還是「娛樂」的問題，比如一個大學畢業沒什麼專業專長的人，出去工作領著最低薪資，然後再說**薪水這麼少自己都快養不活了還養小孩？**

每當有這個問題出現，我就很想問問既然薪水低，你每月伙食花多少錢，花多少時間在娛樂上，有沒有利用下班或是假日時間來找份兼職的工作來增加收入。

如果沒有，那為何還會說出**「薪水這麼少自己都快養不活了還養小孩」**，真正原因其實就是**不想脫離娛樂圈、不想這麼累**，更何況為的是一個小孩，一有小孩，就必須為了小孩脫離娛樂圈，為了小孩必須花大部分的時間及精力來工作賺錢，為了小孩結束自己安寧又自由的生活。

結論就是**並不是沒錢養小孩，而是不想為了生小孩脫離娛樂圈讓自己更辛苦的工作**。

所以政府不斷的調高基本薪資，調高生育補助，生育率還是會一直往下降就是這個原因。

離婚率

當性行為沒做好措施，不小心有了孩子，結了婚生了小孩，這對年輕父母，**沒有相關養育小孩的知識、沒有穩定的收入來源、沒有強大的內心、沒有良好的情緒管理、沒有對慾望的控制力，甚至小孩出生了父母還身在娛樂圈裡**，當問題與狀況出現時，是不是單親家庭或是孤兒就這樣出現了。

強大的內心

不管你現在的身分是父母、初入社會的年輕人還是學生，只要是處於「**人際關係圈**」裡，就會遇到「**壓力及煩惱**」，無論是壓力及煩惱的種類、大小、來源甚至是一次有數個壓力壓著你。

強大的內心會驅使你面對問題、分析問題、解決問題。

弱小的內心會驅使你無視問題、懼怕問題、逃離問題。

如何造就強大的內心，首先要從**情緒管理的修練**開始，或是用**誘導的方式來些許的改變你身邊重要的**，這才是這本書的精華。

CHAPTER 2

第二部

換位思考思想——修練篇

第一章

分析

憤怒情緒

當一個人受到外部刺激時所產生的一種情緒，這個外部刺激只要是不如自己意的人、事、物，就足以產生憤怒情緒，這個外部刺激的大小會因為個人心態調整有時成正比有時成反比，

情緒管理好不好決定了你在第一天開始相處的群體之中了人際關係是好還是不好，差別在於：

（一）情緒管理好的人在憤怒情緒產生時的第一時間會直接想到後果。

（二）情緒管理不好的人在憤怒情緒產生時的任何時刻都完全不管後果。

而且在當狀況或是問題來臨時，一個能很冷靜處理的人與直接產生憤怒情緒在處理的人，即使兩個最後處理完的結果是一樣的，但**差別就在於處裡的過程你給他人的感覺會影響你自己的人際關係**，也決定了你在群體中的利益。

沒有人天生情緒管理就非常好的，但同樣是學生或是剛出社會的年輕人，對於情緒管理有的好有的壞，最終年輕人的情緒管理好不好，還是出自於他的家庭教育。

既然情緒管理好還是不好決定了你的人際關係，為什麼還是還有些人不重視或是無知覺呢？

那是因為情緒管理不好的人並不知道自己給他人的感覺，自己的一句話一個動作會讓他人產生什麼想法，我們稱之為「**自我為中心思想**」。

這種自我為中心思想在每個人心中一定都有，只是有些人在心中佔的比重太重了而已。

這類型的人不在乎他人對自己的感覺及想法，不在乎事情的後果，不在乎人際關係，所以憤怒情緒才會難以控制，難以控制自己情緒的人，會一直糾結在為什麼問題會發生在我身上，進而產生滿腦的負面思想。

當我們沒辦法改變這些**長時間**帶給我們的外部刺激如：經濟壓力、工作壓力或是讀書壓力時，情緒管理不好的人，憤怒情緒不斷累積的情況下，就會導致健康問題、睡眠障礙、憂鬱焦慮、酒癮煙癮、自殘、暴力事件等等。

沒辦法改變外部刺激帶來的壓力，那只能修練情緒管理轉換心境讓自己的人生快樂。

情緒遷怒

前面所述，當一個人受到外部刺激，憤怒情緒不斷累積的情況下，「遷怒」就是一種**廉價的抒發方法**，因為不用花錢，而且遷怒對象只會找尋跟自己平等關係或是低下關係的人，比如家人、夫妻、小孩、晚輩、學生等等。而這種遷怒區分：

（一）語言情緒遷怒：將憤怒轉化成語言語氣發洩在可以發洩的人身上。

（二）行為情緒遷怒：將憤怒轉化在力道上，比如掛電話很大力、關門很大力。

（三）表情情緒遷怒：將憤怒明顯表現在表情上讓大家知道我在不高興。

遷怒他人之後，自己遷怒的行為使得他人對你產生長時間的負面刻板印象，這種負面印象會讓他人極度不信任你，被你遷怒的人甚至向更多人宣傳你的遷怒行為，讓更多人不信任你，這種失敗的人際關係行為，即使過了五年十年，你領悟了你改變了，那些被你遷怒的人、不信任你的人，聽說你改變了，變好了，對你的態度也只有「呿！怎麼可能！」。

如果你剛好又是管理者、領導者、教育職務的人，失敗的人際關係只會讓你更難帶領大家做事而已。這種不知道自己給他人是什麼感覺的自我為中心思想，只會讓自己給自己製造更多的問題，而當事人卻渾然不知，甚至永遠認為都是別人的錯。

其實這也是一種情緒抒發的方法，但是這種**情緒遷怒帶來的是「人際關係」問題，因為沒有人會想跟脾氣不好的人交往或是共事**。

往往很多事情，就是因為當初沒有控制好自己的情緒，有時候，就是自己給自己製造了一些無法挽回且會後悔一輩子的事情。

所以，要修練情緒管理，請你先了解自己遷怒行為給他人是什麼感覺，然後又會帶給自己什麼樣的問題，如何才能避免這些問題回饋到自己身上。

可惜的是，學校並沒有情緒管理的必修課程。如果家庭教育也沒教，那孩子們只能從學校的交友圈一路磨練磨練到出社會，再經過許多挫折失敗後，才有機會領悟到一點點，或者讓情緒管理更差。

並不是說都不要產生憤怒情緒，有些事情只能用憤怒情緒去表達才能達到目的，尤其是在管理人這方面，要使用憤怒情緒就必須要讓被你憤怒的對象無話可說，讓你自己絕對站得住腳，才能使用憤怒情緒，如果沒辦法做到這點，在他人眼裡就是情緒遷怒，就會讓自己給自己帶來更多的負面回饋。

同意語言的差別

一段語言會因為一個人當下的情緒。用詞、語氣及臉部表情上會有些微的差異，而這個差異，也足以巨大影響你的人際關係。比如：

情境	冷靜情緒	憤怒情緒
面對老是遲到的人	你遲到的次數異常頻繁，請問是有什麼特殊理由嗎？你這樣會給我們很大的困擾，讓我們很難再次約你出來。	每次約你出來你都遲到，當我們這些守時的人都白癡嗎？以後再也不約你了！
面對成績考差的人	這次考試成績非常不理想，你先想想你認為問題出在哪？我可以教你讀書的方法，但是交了壞朋友我是無法原諒的	我的天啊！你這次成績怎麼考這麼差？到底會不會讀書阿？還是交了壞朋友？你說話啊！
面對脾氣很差的人	你的情緒管理出了些問題，這會影響你的人際關係，有機會我們來好好聊聊，或許能找到問題所在。	你的脾氣真的很差耶！難怪沒有人要跟你有交集，能不能改改你的臭脾氣。
面對固執的人	你很有自己的意見與想法，但偶爾聽聽別人的意見交換一下想法也是不錯的，或許能從中得到什麼也說不定。	你這麼人真的很固執耶！每次都只用自己的思維在做事不聽別人的意見！

▲同意語言的差別之一

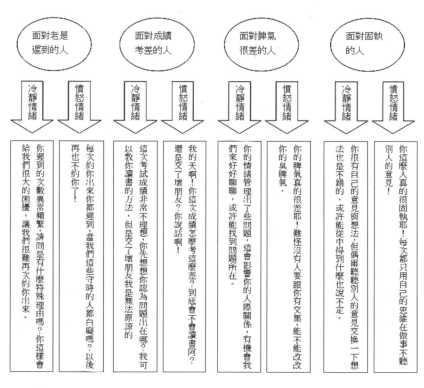

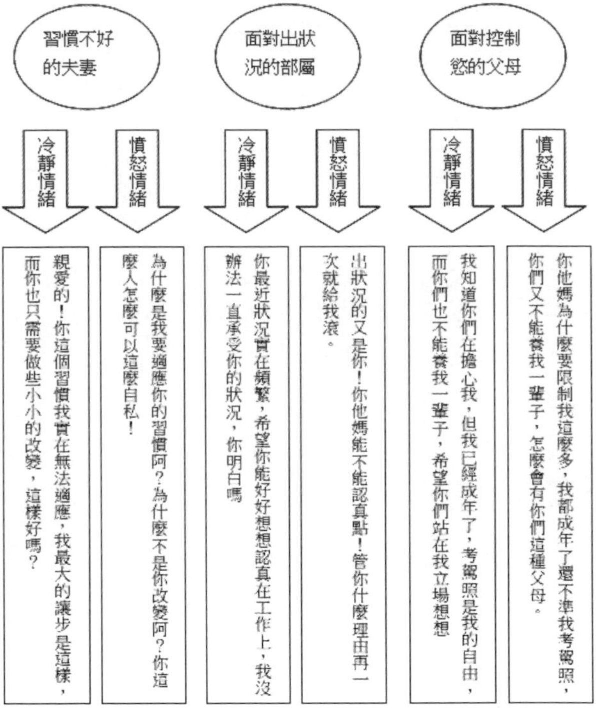

▲同意語言的差別之二

以上這些例子，憤怒情緒除了用詞上只會讓問題擴大外，還會無意識的在語氣上加重語氣，眼神看起來非常不悅，使沒有憤怒意思的語言變得格外憤怒，自己的憤怒情緒也會影響你的判斷能力，使可能有誤會的狀況直接被你認為不存在著誤

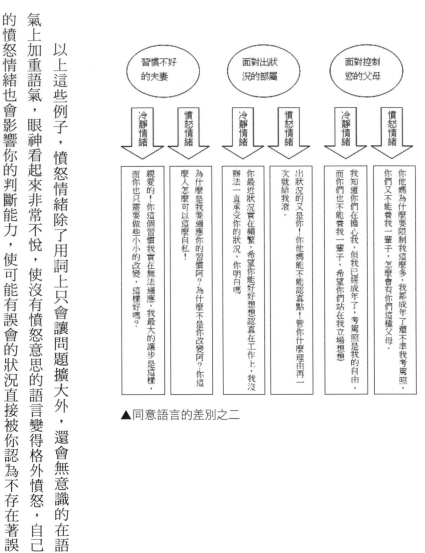

會，面對你的人會受你影響也產生了憤怒情緒，事情就會沒完沒了。

反觀，遇到狀況時冷靜情緒後產生的語言能夠站在雙方的立場，盡可能地找出真正的問題所在，你冷靜面對，被你面對的人也會受你冷靜情緒影響讓心情冷靜下來好好思考，事情才有得到解決的機會，即使對方不接受你的建議也不會因此而影響你們之間的人際關係，這就是同意語言的差別。

但是在這裡，要提醒一下讀者，面對狀況時，**並不是所有的問題都必須用冷靜的情緒處理**，之後會解釋給讀者們聽。

問題感知能力

當你了解憤怒情緒及遷怒會給自己的人際關係帶來的負面影響後，在各種人際關係相處上，為了預防負面的人際關係產生，就必須了解對方在想什麼，對方的行為代表什麼，對方是不是處於心情不好或是憤怒的階段，你與對方相處或是共事時，要如何應用同意語言的差別來表達你想表達的意思，而又不會使對方產生不好的感覺，甚至讓對方的負面情緒能因與你交談後而有所好轉。這裡要強調的是，如何預防衝突使自己的人際關係受影響，為了達成預防的這個目標，就必須投入群體之中不斷的練習。

我們常常會想，看見一個正在憤怒的人在群體之中，不要理會他不就沒事了不是嗎？是這樣也沒錯，但對於一個團體，那個正在憤怒又不會控制憤怒情緒的人是會破壞整個團體的運作或是氛圍，如果你有問題感知能力，看見狀況即將要發生了，為何不上前阻止這一切發生呢？

從一個旁觀者角度，看著準備要出狀況的群體是一件非常容易的事情，但如果你是群體之中的指揮者、管理者或是核心人物，比如說你是家中的一家之主、軍隊裡的指揮官、職場上生產線的領班、餐飲業者的店長等等，在這些複雜的環境及複雜人際關係中，磨練自己的問題感知能力，才能更能擴大自己的視野，如此便能更加預防狀況發生。

在與各種人際關係應對時，請善用同意語言的差別，尤其是你的長輩、老師、上司、學長姐，有時候會發現，你的思維或是你的能力已經超越了他們，與他們相處時自己的心態或是態度就會不自覺地變差，導致自己無意識的得罪他人。這也是問題感知能力的一環，如果你有問題感知能力，就能跟任何人打交道，並且不得罪任何人。

問題感知能力也可以理解成危機意識，並不是發生在當下的問題危機，而是在你的群體之中感知到更長遠的問題危機，要感知到這種問題危機，就必須把當下的問題透過**假設性聯想**，在心中把問題擴大化，再加以預防。

比如說：

有一個員工上班經常遲到，當下的問題是如何處理員工遲到問題，假設性聯想就是他下次再遲到要怎麼處理，如何預防其他員工有樣學樣。

今天得知兒子在家玩火，當下的問題就是如何懲罰兒子玩火的事情使他記起教訓，假設性聯想就是下次兒子再玩火要怎麼處理，收好所有能玩火的危險物品，要向兒子宣導玩火可能發生的後果等等。

問題感知能力能預防各種狀況發生，但如果無法控制自己的憤怒情緒，你的視野就只會一直在關注眼前發生的問題，思緒受影響就無法活用同意語言的差別，最後使自己的人際關係受影響，記住，只要讓他人感受到一次負面的人際關係，這個負面刻板印象是幾乎不會移除的，即使你改變了變好了，也不會有人相信。

第二章
觀察

觀察環境

然而，當我們了解憤怒情緒帶給自己的反效果時，沒有實際與人相處，沒有實際練習看看，再多的理論都是空談。

為了讓自己擺脫自我為中心思想，就必須習得**換位思考思想**。

換位思考思想就是自我為中心思想的反面。

自我為中心思想會讓你狀況來臨時無法控制自己的憤怒情緒。

相反地，換位思考思想會讓你狀況來臨時瞬間站在多個角度去思考問題及後果。

換位思考思想是可以通過修練而得到的。

換位思考思想可以解決任何煩惱。

當一個沒有換位思考或是換位思考不夠純熟的人，想要練成換位思考，最快的途徑，就是**做表格**，在你自身處於的人際關係之中，所接觸的人、事、物發生的問題與狀況記錄下來，用觀察環境作業裡的內容去找尋問題發生的原因、各個感受及預防方案，並且將完成的表格口語化，以訓練自己的口才，講給自己聽或是周遭值得信任的人聽都可以，重點是**認真完成表格及不怕丟臉**，為期半年至一年，每週至少一張。

姓名： 觀察環境---作業第 28 號 日期：	
狀況發生	
為何發生	
如何處理	
結果如何	
自己的感受	
對方的感受	
周遭的人的感受	
預防方案	
是否找人完成口語化	

這個簡單的表格目的是讓你訓練自己的多角度思考，並且找出問題發生的原因，如何解決它，給周遭帶來的影響是什麼，周遭的人會怎麼想，然後如何去預防它，看似很簡單的一個流程，實際遇到狀況會受心情影響而失去判斷能力，如果因此而害怕走入人群，就不可能學會換位思考思想。

這個表格可以讓你自己私底下做事後檢討，遇到狀況後受心情影響沒有處裡好事情的你可以記錄下來好好思考，下次不要再犯，你想越多、越認真，學會的速度就越快，換位思考的學習看個人認真的程度而定，與學習能力好不好無關，

有些讀者可能會認為，這個做法好像有點奇怪，這裡解釋給各位讀者聽，因為**只要不是親身經歷，再多的案例跟宣導都是屁話**。

比如說：我是一個兼職三份工作的父親，在想以前二十歲時為什麼要花那麼多時間在遊戲上，搞得現在只有做很多工作才有辦法養家活口，於是將自己的經歷講給身邊的年輕人聽勸勸他們，換來的卻只有敷衍。

就好像自己的孩子一天到晚宅在家打電動，媽媽一直孩子能夠多花點時間在課業上或是人際關係上，於是開始不停的勸導孩子未來該怎麼辦，換來的卻只有憤怒。

我認為，**要改變他人並不是無法辦到的**，**就算不是心理諮詢師也能辦到**，這需要某些條件，之後會跟各位說明。

至於為什麼要用表格紀錄，原因在於**不要放過身邊每一個機會教育**，除了自己的遇到的狀況，用別人的失敗經驗來歷練自己是最划算不過了，但是千萬千萬不要跑去找當事人跟他說他發生的狀況會怎麼做比較好，因為親身經歷跟從旁觀察差別在於親身經歷時，思緒會受情緒影響而讓他無法發揮平常的水準，而觀察者主動去跟當事人述說反而會遭人討厭的。

這個作業重點在於**真的要去記錄**以及**是否找人口語化**，就好像在做會議報告一樣，了解歸了解，是否能順順的陳述出來可是完全不同的境界，這可以讓你練膽量、練口才、練應對能力、練儀態，還能找尋這份作業是否有遺漏的地方。

想要有個無悔的人生，首先要獲得換位思考思想，想要獲得換位思考思想，最快就是按照我所陳述的學習方法來練習，否則就只能跟我一樣，花十幾年的時間從錯誤中學習，最後還失去了一些會讓我後悔一生的事。

觀察憤怒情緒

當你在實施觀察環境作業時，如果發生了自己或是當事人產生憤怒情緒並且使用憤怒情緒處理狀況時，這時候就必須完成另一項作業，當自己或是當事人遇到狀況時，他們是用什麼方法處理？是用什麼情緒處理？這些情緒帶來的是正面效果還是負面效果？為什麼他會用這種方式處理？最後問題有沒有解決？解決的結果是好的還是不好的？這個結果是當事人想要得到的結果嗎？周遭的人會怎麼想？如果換成自己遇到這個狀況，自己要怎麼處理才能造成多贏的局面。

再次強調，處理同樣一件事，用不同的情緒處理，即使最後處理完的結果是一樣的，過程中就有著巨大的差別，影響的是你的人際關係。

這個人際關係的意思就是，在周遭人的眼裡是什麼感覺，周遭的人會怎麼想，周遭的人會怎麼說你，無論是在朋友面前、同學面前、同事面前、家人面前、上司面前等等，並不是要你完全顧慮他人的感受，而是要你遇到狀況時能夠冷靜，然後回想起來自己還在群體之中，很多人在看著你。

擁有換位思考思想的人，就能夠利用遇到的每一個狀況讓自己在群體之中加分

並且得到認可。

擁有以自我為中心思想的人，遇到狀況時，反而會一直給這個團體製造更多麻煩。

姓名： 觀察憤怒情緒---作業第 28 號 日期：	
1.　是誰憤怒了	
2.　當事人是什麼腳色或職位	
3.　憤怒的對象是誰	
4.　憤怒產生的語言及肢體動作是如何	
5.　憤怒的目的為何	
6.　憤怒後對當下的狀況處裡有沒有幫助	
7.　周遭的人對他憤怒有何看法	
8.　多久之後才結束憤怒	
0.　如果換成自己會如何處理	
10. 是否將此作業口語化	

危機處理能力

當自己在實際面對任何狀況或是壓力時，如果處理不好自己的情緒，只會讓自己面對的狀況或是壓力更加複雜，以致難以解決。然而即使有辦法處理好當下的情緒，沒有解決問題的能力，只能接受失敗。

所以不要逃避遇到的問題或是壓力，這些問題與壓力是來幫助你使你內心更加強大的機會，屬於你自己的寶貴機會，這個機會，無論失敗或是成功，都會使你內心變得更加強大。

處理這些狀況與壓力時，自我檢討是非常重要的一環，就是前面所講的觀察作業，除了要控制好自己的情緒外，最主要是要**練習瞬間用多個角度去判斷後果**，因為當下可能沒這麼多時間讓你慢慢想。

多個角度去想不只包含周遭的人或是有相關的人，也包含你所處的共同體，也就是判斷對整體有利益的角度。

這個危機處理能力所敘述的並不是方法，也不是sop流程，而是個人的判斷能力、同時思考多個角度能力、情緒管理能力、隨機應變能力及用詞能力，如何讓這些能力同時運用後對自身的人際關係產生正面的影響。

被動遇到的狀況越是複雜，或是一次同時來多個狀況，即使有處理事情的sop流程，還是可能會因為情緒受影響而導致狀況更加嚴重，要克服類似這種狀況，只能靠經驗不斷的累積，並且使用前面的觀察作業，才能在最短的時間最少的失敗次數，使自己達到你的共同體裡所需的危機處理能力。

狀況發生時把問題處理好，能使你的人際關係變好，就能取得他人對你的信任，你在你的共同體裡就能夠影響他人，改變他人。比如說：你想教育孩子，但如果孩子不信任你，你要如何改變他。你想領導你的員工，你的員工不信任你，你如何領導他們。你想改變你長輩固執的想法，你的長輩不信任你，你如何改變他。

當你擁有危機處理能力時，你準備好了，狀況來臨時，你反而會覺得很開心，因為你的人際關係又將變得更好了，他人又將更信任你了，只有好沒有壞，所以換個角度想，心情就不會再這麼煩惱了，就能夠好好享受人際關係帶給你的美好，你的人生就會變得更快樂。

第三章

感受

主動分享失敗經驗

當你處理完一件事情或是一個狀況時，這個屬於你自己的實戰經驗不見得在別人的眼裡是處理完美的，在處理的過程中，會受到情緒影響，使自己的視野變狹窄、用詞不當，儘管最後的結果是成功的，過程中可能已經得罪了許多人。

（一）重新檢視自己對於此狀況的處理過程是否能夠精進，即便結果成功也要當作失敗經驗，也就是前面的觀察作業。

（二）在會議上或是朋友、同學、家人間分享此事處理的前、中、後。

（三）接受回饋。

（四）分析、吸收。

分享經驗時，會得到正回饋與負回饋，**無論是正回饋還是負**

回饋都必須聽進心裡化成正能量。

分享給長輩或是上司時

正回饋

（一）依照自己過來人的經驗給予更好的做法

（二）友善自己與長輩或是上司的關係

負回饋

（一）責罵後不一定會給予教導

（二）劣化自己與長輩及上司的關係

分享給朋友、同事、家人間時

正回饋

（一）鼓勵你，一同找尋機會點，使彼此更好。

（二）友善自己與朋友、同事、家人間的關係

負回饋

（一）假裝沒事但私底下嘲笑你，不會給予更好的意見作法，也看不出來。

（二）劣化自己與朋友、同事、家人間的關係

接受回饋後分析、吸收

（一）分享失敗經驗後，能得到更好的做法，使下次遇到類似的狀況時能處理的更完美，分享給他人時，被分享的也能得到機會教育，使他人有機會遇到類似經驗時能夠不犯你之前的錯，對公司而言，就是一種成長。

（二）接受責罵或是嘲笑時，可以順便訓練自己的情緒管理，降低自己強盛的自尊心，使自己即使能力再強，職位在高也能放下身段虛心接受。

（三）精進自己的人際關係，依照對方給予回饋的方式及內容可以判斷此人是否能夠深交，還是遠離他。

（四）修練換位思考，你的一個舉動，分享給不同人時，每個人給予的回饋都不一樣，這時候就要思考，「為什麼他會給予這樣的回饋」，跟自己預期的有沒有落差，一個分享會給予整個公司會有什麼影響。

接受批評的勇氣

要修練自己的情緒管理，這是第一個也是最重要的步驟，就是**主動詢問自己在他人眼中是個怎麼樣的人**，並不是說聽了就一定要改，目的只是在修練自己的情緒管理，當然十個人裡有九個在講同一個缺點，那就表示要改改了。詢問批評自己的對象如長輩、上司、同事、部屬、伴侶，重點在於接受批評後你要如何應對。

（一）接受回饋

在對方給予你會饋時，仔細聽完，記住重點，尤其在聽到缺點的時候切勿打斷對方，也避免發生爭吵，否則只會讓人覺得你很難相處。

（二）整理心情

聽完對方回饋後，內容可能不如你意或是有些誤會，多少會產生憤怒的情緒，而你此目的的重點就是修練情緒，所以在這時候發脾氣你就是失敗，冷靜下來就是成長。

（三）分析回饋

分析對方回饋內容，區分優點回饋、缺點回饋及誤會回饋，優點回饋要挺胸接受繼續保持，缺點回饋要虛心接受判斷設法改善並且承認缺點，誤會回饋要立即解釋不得動怒。

（四）自我了解

依照回饋內容可得知現階段自己的言行舉止哪部分造成了這些回饋，在別人眼中是個怎麼樣的人，並不是要你不要做自己，而是要你充分了解自己，並且修練自尊心，修練換位思考，將老是以自己為中心的思想提升至以他人、以共同體、以團體、以公司為中心的思想，這就是換位思考的雛形。

讓換位思考時時刻刻出現在你的思想之中，你的視野就會隨著時間越變越廣闊。

共同體思維

人類無法獨自存活，才會形成互相合作的生存模式，這就叫做共同體，這世界存在著各式各樣的共同體，比如說家庭的共同體、職場的共同體、社會的共同體、校園的共同體、政府組織的共同體等等，可以試著想想，我在這些共同體之中，扮演著什麼腳色，我有沒有做好這些腳色應盡的義務，在前面兩篇「主動分享失敗經驗、接受批評的勇氣」實際做過之後，就能理解到**自己身在共同體的存在價值**。

共同體思維，就是在你的共同體裡屬於你獨一無二的存在價值，讓他人無法取代或是難以取代，這個存在價值並不是由他人評價來決定，而是由自己判斷能為這個共同體帶來什麼幫助或是影響，使你存在的這個共同體因為你更加美好。

判斷存在價值的方法：

（一）理解自我存在的價值
（二）分析存在價值
（三）貫徹存在價值

例如：

夫妻共同體：

（一）理解自我存在的價值：我是一位家庭共同體的父親，我有兩個女兒，同時也是一位丈夫，我是家裡的經濟支柱及榜樣。

（二）分析存在價值：我每個月必須收入六萬才能養活家裡同時又有些存款。我想給孩子一個好榜樣及好的教育。我與太太的相處是什麼模式，夫妻間有沒有良好的溝通。

（三）貫徹存在價值：為了每月補足六萬，於是晚上下班後再去找份兼差的工作。為了給孩子好榜樣，我改掉我抽菸的壞習慣並且戒掉手機遊戲的沉迷。為了教育好我的小孩，我會去查很多教育小孩的資訊使自己達到全面性教育家庭的水準。為了與太太有良好的溝通，我學習情緒管理，什麼事都用溝通的，有狀況要互相體諒互相支援。

正因為大家組成一個共同體，不管是與生俱來的、非自自願的、利益關係的，所有事情就是共同承擔，所以必須先理解你現在的腳色在你的共同體裡存在價值，當你理解後，你的換位思考思想就能給予你所處的共同體美好的未來及成長，而自我為中心思想則是時常在拖累這個共同體。

所以當每一個人都是共同體的其中一員時，就一定有存在的價值，做好自己身分應盡的責任及義務，就是對你所處的共同體負責，你就是在幫助你這個共同體更加美好更加壯大，這個共同體就會回饋你應得的獎勵，這個獎勵不一定是立即性的，也有可能是長遠的，比如說剛剛的案例，貫徹身為父親存在的價值後，一定會非常的疲累，孩子長大後成材就是父親長久以來努力經營的最好回饋。比如說一個公司基層員工，努力做好自己應該做的事情，主管看在眼裡，有朝一日升職加薪名單就會有你。

共同體思維要配合情緒管理、危機處理能力及問題感知能力一起磨練，在我身邊有一些案例是擁有共同體思維但卻做不到良好的人際關係，因為情緒管理不好，最終只會讓自己難以貫徹存在的價值。

換位思考思想的修練法則

主動修練

你只有在主動修練才能將換位思考修練到極致，而且修練沒有時間限制，必須一直修練到老，沒有這個決心，就不要修練。

觀察作業

觀察作業的預防方案及自己如何處理必須融入第一章的內容，不得隨意敷衍，否則無法達到修練效果。

口才

在將觀察作業的內容口語化時，不可按照作業內容念過去就算完成了，必須善用**結果比較法**及**同意語言的差別**來陳述，才能修練到表達技巧。

尋找導師

口語化的對象必須比你還年長，經驗還豐富，情緒管理不差的人，**在口語化時**

必須強調希望導師可以打斷你口語化，以訓練臨場能力、危機處理表達力，如果能說服導師代表你逐漸成長。

就是不要臉

在口語化、分享失敗經驗、接受批評時，或許有很多不相干的人也在場，這些人嘲笑你時，代表他們是來幫助你修練情緒管理、降低自尊心的，如果你回應他們「不然你們來啊不信你們會講比我好」，你就中了他們的陷阱了，如果回應他們「希望各位不要犯我剛剛犯的錯，感謝各位的聆聽」，這才是正向的回應。

身邊重要的人

當你擁有換位思考時，你的思想就會變得比以前成熟許多，視野比以前更廣闊，但這也產生另一個問題，你會發現，**周遭的人情緒管理怎麼這麼差**，這時候別急著跟他們說，他們是聽不進去的，反而會惹人討厭。這時候你的心態必須做調整，你無法改變所有人，所以**你只需要些許的改變你身邊重要的人就好**。當有換位思考的人越多，他身邊的少數人能被他影響，那怕只有些許的改變，就能在十年內改善台灣基層難管理的問題。

換位思考思想的核心

第一章的**分析**：藉由**了解憤怒情緒**會帶給自己長久的負面刻板印象，並利用同意語言的差別，在你的共同體裡建立起良好的人際關係，能夠了解他人當下的想法就能避免任何衝突，就能獲得提前發現問題的能力，也就是**問題感知力**。

第二章的**觀察**：透過研究周遭及自己發生的狀況及憤怒情緒來完成觀察作業，並且訓練口才、瞬間多角度思考能力、情緒管理能力，就能獲得冷靜面對問題及瞬間處理問題的能力，也就是**危機處理能力**。

第三章的**感受**，透過分享失敗經驗觀察他人內心，接受批評來了解自我，使自尊心及自我為中心的意識降低，擴大視野，改以共同體及團體為中心，找尋自己獨一無二的存在價值，獲得始終以共同體為主的思考方式，也就是**共同體思維**。

擁有換位思考思想的人，就能理解我所說的「意義論」，就擁有改變他人的可能性。

CHAPTER 3

第三部

換位思考思想——情緒管理篇

第一章
情緒控制

先處理心情，再處理事情

在第二部的觀察他人時，是可以感受到狀況發生的當下，帶著憤怒情緒處理事情是不可能處理完美的，儘管結果是好的，過程有著當事人無法察覺的錯誤，從旁觀者角度是非常明顯的，所以當狀況發生的當事人變成自己時，該怎麼處理自己的心情，如何活用換位思考，並且不影響自己的人際關係，這部份，你必須先分析理解，然後投入實際的職場、校園環境、家庭朋友之間，次數多了才能活用自如。

（一）憤怒的立即處理與雙方冷靜後處理

就算已經擁有換位思考能力的你，初入職場時，狀況發生的當下還是有可能會被憤怒情緒遷著走，原因是經驗不足，這時候只要記住一個重點，給自己與對方一點時間整理情緒，重點在於給對方時間，因為自己擁有換位思考能力不代表對方有，假設對方沒有換位思考能力，自己冷靜但對方還在憤怒，狀況還是沒辦法處理好的。可以跟對方約個時間並且告訴對方，「讓我們好好冷靜、30分鐘後這裡見，把誤會解開」「你繼續忙你的，我繼續忙我的，下班後我們在找時間聊聊」如果對方這時候依然對你動怒，就表示他會在團體面前展現他自己情緒管理有多差，有多難相處，反觀自己情緒管理很好，並且展現自己的風度，基於群眾壓力，對方只能妥協事後見面處理這個狀況。

（二）只站在自己立場處理與使用換位思考處理

當與對方約時間事後處理剛剛的狀況時，不管多久，換位思考在心中想的，除了為何會發生衝突以外，還要想對方是個怎麼樣的人，用什麼樣的語言能夠讓對方接受，**自己的角度必須堅持在共同體、團體的立場**去說服對方，記住，說服對方的意思是希望對方了解自己為什麼會這麼做，這麼做的原因是什麼，解開誤會達成共識，而不是強迫對方跟你道歉，如果你自己有錯也必須主動承認，這會讓對方自己也主動承認錯誤，事情才有機會得到解決。

（三）憤怒到忘了自己身分與意識到自己身分

在使用換位思考處理狀況時，必續套入「自己身分」與「對方身分」去思考，當對方與你有職位上的高低時，就要善用**同意語言的差別**，尤其是對方比你高階時，對方就會處於「高傲」的心態與你談話，記住，事後見面處理的目的是讓對方了解你是站在共同體與團體的立場去做事情，解開誤會達成共識，目的不變的情況下，只能改變自己用詞的方式與說話的態度，比如多套入「不好意思」「沒有啦!」「xx哥xx姊」，在這裡強調，**只要堅持了自己的立場就不是放低姿態**，而是在堅持自己的立場同時給對方一個台階下，好讓事情快速解決。

（四）忘了遵守規定與想起要遵守規定

發生的狀況，這個事情一定有它的sop流程，有它的規定，當對方沒有遵守規定時，就不存在「規定是死的人是活的」這情況發生，**規定就是規定，誰沒遵守規定就是誰的問題**，如果雙方都沒遵守規定那就是雙方都有問題，在「**目的是讓對方了解你是站在共同體與團體的立場**」之前，規定必須擺在最前面，就算對方比你高階或是年長也一樣，讓對方想起你才是遵守規定的一方，強調完這點，再來才是運用同意語言的差別緩和氣氛，然後達成共識。強調規定時，態度必須平和，否則一開始談話又會有激怒對方的可能。

（五）有可能波及他人與不會波及他人

「事後處理」的好處在於工作可以繼續進行，雙方也有冷靜思考的時間，但可能會有**遷怒**的問題發生，間接影響工作的氣氛。所以在與對方約定事後處理時，必須主動拿出**和平的態度及能夠立即緩和氣氛的語言**，比如「我現在不想跟你講話，要吵下班後再來吵。」跟「我們現在先繼續彼此手邊的工作，我們之間的誤會等我們下班後再好好解開，可以嗎？」同樣是約下班見面處理，一個必定會遷怒且影響工作，另一個卻已經讓對方先息怒一半了。

（六）無法達成共識與有機會達成共識

兩者之間的差別在於最後這個公司、家庭、團體能否成長。

如何能成長？取決於雙方有沒有達成共識。

如何達成共識？取決於你有沒有使用換位思考化解這個狀況

達成共識為什麼能成長？因為人際關係被你處理好。

問題發生的當下彼此爭吵叫做「不良示範」，在其他人面前做不良示範周遭的人會怎麼想？

既然問題已經發生了，不如運用這次的爭吵在周遭人面前轉化成「良好示範」。

發生問題↓你立即撫平自己也撫平他人情緒↓事後將誤會解開↓周遭的人問起時你及當事人的回答都是「爭吵難免，誤會有解開就好」。雙方依然和平相處氣氛融洽，事後誰也不說誰壞話，反而相挺對方。

在周遭的人眼裡你就是個情緒管理良好且可靠又值得信賴的人，因為大家都知道這次狀況如果不是你，換做其他人，現在可能還在吵，示範給周遭人看情緒管理的重要性，重點在可以避免因為此事件而造成**小團體**的出現。

在當事人眼裡經過此事教訓發現自己確實衝動了，還好你情緒管理很好，不管職位是否比你還高都對你多了份尊重，記起教訓後下次就不會這麼衝動了。

只要沒有小團體在，所有人的目標就會一致性，所以家庭、公司、團體就能成長。

反觀，如果今天發生爭吵的雙方都沒有換位思考能力，那只能任由他們繼續吵，不管誰對誰錯，誰職位大，誰遵守規定，而且一定波及他人，事後雙方開始在私底下說對方壞話，引發彼此的小團體出現，只要兩個人碰面一起做事，隨時會再次爭吵，給底下的員工看笑話，影響雙方的領導威信。在周遭人眼裡，就是脾氣不好的兩個人，難以相處。公司、家庭、團體出現了小團體，目標想法信念不一致，就不可能成長，甚至還有可能故意陷害對方的狀況發生。

當任何事都影響不了你的心情時，你會發現你遇到的問題對你來說都不再是問題。

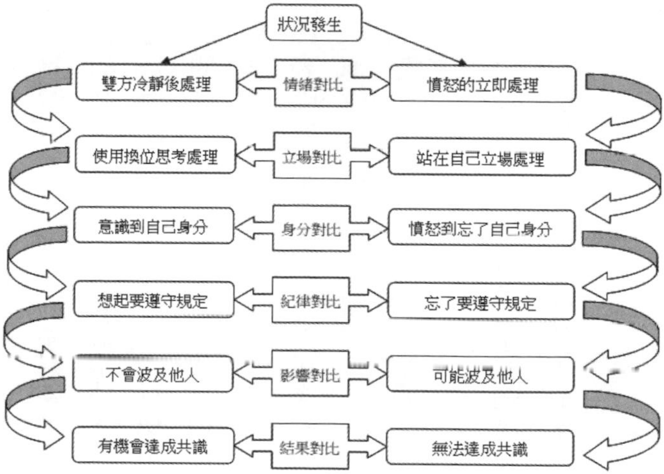

▲情緒控制對比圖

第二章
情緒判斷

展現最適當的情緒

與第一章不同的地方在於，**情緒判斷可以施展於主動也能施展於被動**，而情緒控制只能處於被動。所謂的**情緒判斷，並不是不要生氣，而是在發生狀況的當下展現出最有利的情緒，說出最有利的話，使目的達成**。或是還沒有發生狀況時，**先行做出能達成目的的情緒及說出能達成目的的話，預防狀況發生，使目的達成。**

能使用情緒判斷的你必須要有以下這些條件，

（一）當狀況發生時代表處於**被動**，內心分析最多只有幾分鐘，最少可能連十秒都沒有，要使用情緒控制的你，必須熟練換位思考及情緒控制，才有辦法使用情緒判斷。

（二）使用情緒判斷的你必須在職場、共同體、團體有一定的影響力或職位，使用情緒判斷時才能得到最好的效果。

（三）若想主動使用情緒判斷來達成你的目的，預防狀況發生，那就必須先打好預防針，**捨棄做自己**。

被動狀況種類

案例一：「員工遲到還一副不在乎的樣子」

案例二：「學生上課時間睡覺被叫醒時開始亂發脾氣」

案例三：「孩子答應父母晚上九點前回到家，結果十二點才回到家，也沒打電話事先告知」

案例四：「昨天上午剛開完會，今天上午去督導某門市發現完全沒有貫徹命令」

案例五：「過年時營業生意太好，時間越久員工們已經疲累不堪，有兩個心煩氣燥的員工發生了一點小誤會在客人面前起了爭執」

以上大概幾種狀況，來分析給各位聽。

目的：如何預防狀況再次發生

狀況發生在你身上，是如何發生的你再清楚不過，所以內心分析狀況的第一件事情就是如何預防當前的狀況再次發生。以上述各種狀況就會分析成：

案例一：「如何預防這個員工再次遲到及其他員工有樣學樣」

案例二：「如何預防這個孩子繼續在課堂上睡覺及其他學生有樣學樣」

案例三：「如何讓孩子遵守回家的時間規定」

案例四：「如何改善這個門市貫徹命令的問題及預防其他門市也有貫徹命令的問題」

案例五：「如何安撫兩個吵架的員工的情緒及預防在客人面前情緒失控的狀況再次發生」

當你在處理當下發生的狀況時，不要忘記身邊有一堆員工在看著你如何處置，依據你的處置員工們會在員工之間幫你宣傳你是如何處置的，你處置的好，結果就是增加領導威信及職場的人際關係，員工們會願意跟隨你為你打拼，處置不好，就是降低領導威信及產生負面的人際關係刻板印象，員工們便不再相信你。所以發生狀況的當下就必須想到如何把這個狀況反過來利用，讓整體更好。

當下場合適合立即處理還是事後處理

當下的狀況由當事人依照場合判斷，當下處理還是事後處理對整體、團體、公司是比較有利的。

案例一：「為了預防員工遲到，當下處理給其他員工看，是能比較有效果的。但是如果今天場合是飲料店、餐廳之類營業場所，當前狀況是客人爆滿，如果當下處理，除了會被客人看到這個醜態之外，當下如果遲到員工生氣走人，少一個人對餐廳、飲料店等場所是差很多的。所以案例一是依照自己的工作類型再判斷當下場合是要立即還是事後處理，無論哪個時間處理都必須是以**整體利益考量**去判斷。」

案例二：「場合是校園環境，而面對未成年的孩子們要特別注意一件事，**自制力不成熟**，尚未出過社會的學生們對於慾望的控制力不佳，今天一個學生在課堂上睡覺老師不處理，下一次這個老師來上課時可能就睡一半了，但這也不一定非要立即處理，決定於老師對睡覺的這個學生的了解程度，意思就是有些學生適合立即處理有些學生適合事後處理。立即處理可以表現給其他學生看，但是這就代表老師必須把課程中斷來處理睡覺的學生，萬一時間太久會影響其他學生上課的權益及課程進度，如果不當下處理，課程雖能繼續但之後會有更多學生睡覺難以管控。所以老師對學生的了解，哪些學生在課堂上睡覺適合當下處理而且處理所花費的時間很短，哪些學生當下處理所花費時間會非常久影響整體而適合事後處理。」

案例三：

「這個狀況必須先認清楚身分，親子關係會隨著孩子年紀越長而越叛逆，為了讓孩子遵守回家的時間規定，必須考慮自身的家庭教育是屬於哪種類型，對照交友圈九宮格，孩子大概屬於哪種類型的**人格**，再判斷當前狀況適合立即處理還是事後處理，不過不管是立即還是事後，不管是哪種人格，孩子犯錯，先給孩子解釋的機會，尤其是平常不可能犯錯的**白色優良人格**，此人格最不能接受的就是**誤會**，給孩子解釋完後判斷是不是真的有狀況，還是單純玩樂忘了時間，父母自己本身已經做到情緒管理的榜樣，剩下就看父母是要怎麼處理，才能教育孩子的同時增長自身在孩子心中對父母的崇拜。」

案例四：「只要是有關**公司利益**及**規定**的事情，身為高階管理者就絕不能退縮，必須處理到改善完為止，時間拖越久，對公司的損失越大。在人際關係上彼此間都能好好相處最好不過，但在職場上，高階與下層相處太好就會造成**命令難以貫徹**及**難以要求**的問題，所以為了公司整體的利益及營運的順暢，高階管理層多半都扮演著被討厭的腳色。而實際在門市執行買賣工作的基層管理者們會因為疲勞、員工管理壓力、顧客壓力、經濟壓力、家庭壓力等等各種壓力，而導致命令執行上有鬆散的可能性，**當高階管理者遇到類似狀況時，必須先多少了解一下為何執行效果不彰，再決定是要立即處理還是事後處理**。年代不同，以前常用的**殺雞儆猴**方式也要看狀況，使用不當反而會有反效果。」

案例五：「如同案例四，在門市實際執行買賣的員工會因為各種壓力加上忙亂狀況導致情緒失控，而這種忙亂導致情緒失控是會有連鎖反應的，因為其他員工也處於這種忙亂環境之中，所以大多都必須是立即處理，處理完後還是得繼續迎接客人，繼續處於忙亂的環境之中，服務品質就會隨之下降，所以門市管理者如果遇到這種問題，在處理時最主要除了安撫情緒外，情緒控制（三）**憤怒到忘了自己身分與意識到自己身分**，這點必須讓失控者意識到，並且讓失控者了解現在的場合與忙亂狀況不能沒有他們的幫忙，門市需要他們繼續迎接客人，再給他們幾分鐘時間冷靜，運用自己**同意語言差別**的能力，才能迅速讓他們重返工作崗位。

適合使用哪種情緒才能有效達成目的

案例一：**目的是如何預防這個員工再次遲到及其他員工有樣學樣**

立即處理搭配憤怒情緒：最能有效達成目的，但是遲到員工可能會產生憤怒情緒而影響他人，或是直接不幹走人。

立即處理搭配冷靜情緒：些許達到效果或是效果不佳，但遲到員工不會產生憤怒情緒。

事後處理搭配憤怒情緒：要有效達成目的必須刻意在其他員工面前處理，也不怕遲到員工產生憤怒情緒，但過了時效性事後處理會讓人有種莫名奇妙的感覺，不幹走人或是在背後說人壞話的可能性增大。

事後處理搭配冷靜情緒：效果不佳，而且在其他員工面前處理會造成反效果。

如果我們把常遲到的員工人格對照交友圈九宮格裡面去分析，他家庭教育是屬於哪種類型，通常嚴格家庭教育比較適合立即處理搭配憤怒情緒。而放縱家庭教育屬於罵不怕的人，如果非要用這個員工不開除，立即處理搭配冷靜處理。這也就表明了身為管理者，對員工的理解程度越高，在狀況發生時，就能在最短時間判斷出要怎麼處理才能將這個狀況轉化提升自己的領導威信。

案例二：如何預防這個孩子繼續在課堂上睡覺及其他學生有樣學樣

以近代來說，學生別說打了，罵的方式也不行，還會遭家長投訴，但也不能因為這樣什麼都不做，如果今天假設不能使用憤怒情緒的情況下，只能**立即處理搭配冷靜情緒並且使用事後處理搭配冷靜情緒**，處理的方式就是重點。面對在亂發脾氣的學生，他不爽的是（不能睡覺），他的想法是（不需要管我，我的將來我自己扛我不讀書是我的自由），面對這種學生，老師有沒有**與家長實施共教**才是關鍵，對照交友圈九宮格，學生的家庭教育屬於哪種模式，當老師都了解透徹時，自然知道面對哪種家庭教育的孩子要用什麼方式處理。然而面對絕對不能使用憤怒情緒處理的案例，可以使用**「為什麼」的問答方式**，一邊問出學生為何這麼想睡覺，一邊機會教育其他學生，如果想繼續睡覺就回答我的問題

（為什麼你現在要這麼生氣，因為我被老師吵醒不能睡覺）

（為什麼你要在上課時間睡覺，因為我很想睡）

（為什麼你白天會很想睡晚上都在幹嘛，晚上都在打電動）

（為什麼你知道白天要上課晚上還打電動打這麼晚，因為電動只能晚上打）

（為什麼你放棄白天讀書的機會把精力都留在晚上打電動，讀不讀書是我的自由）

（要不要讀是你的自由沒錯，如果你父母同意你繼續上課睡覺把前途都用來晚上打電動，好了，你現在可以繼續睡了）

如此方式就能隔絕了放縱式家庭教育的孩子影響其他兩種家庭教育的孩子，不讓其他學生有樣學樣，而這也是最重要的，之後再使用與家長共教的方式慢慢改變這個孩子的壞習慣。

案例三：如何讓孩子遵守回家的時間規定

要讓孩子意識到自己犯了一個父母無法原諒的事情，就是孩子再晚回家父母都必須等到孩子回到家為止，讓孩子立刻知道事情嚴重性，這狀況就只能是立即處理搭配憤怒情緒或是立即處理搭配冷靜情緒，決定於父母是哪種教育的家庭及孩子是哪種人格。在這之前不要忘記先聽聽孩子怎麼解釋，在要孩子解釋前強調**說謊**是絕對不可饒恕的事情。

立即處理搭配憤怒情緒：適用於全面性教育家庭及放縱式教育家庭，一個平時都使用溝通理解的方式教育孩子跟一個平時都不管孩子的父母，**面對一件不可饒恕的事情，最震撼的就是使用平常不會用的管教方法**，讓孩子知道原來超過父母的底線會是什麼樣子。

立即處理搭配冷靜情緒：適用於嚴格管教家庭，平時本來就對孩子行為十分嚴格的父母，這次犯錯孩子早有心理準備被罵慘，而父母反而先聆聽孩子解釋原因，並且使用換位思考讓孩子站在父母的腳色去思考為什麼父母會在這裡等孩子等到回家為止。

案例四：如何改善這個門市貫徹命令的問題及預防其他門市也有貫徹命令的問題

在職場上，貫徹命令幾乎決定了這個公司的生死，如此一來就只有憤怒情緒才能讓門市管理者了解事情嚴重性，憤怒情緒跟亂發脾氣的差別在於高層管理者有沒有多少先了解一下為何沒有貫徹命令，而不是看到沒貫徹命令就直接開火。

立即處理搭配憤怒情緒：當在了解完狀況後確實是門市管理者沒有貫徹命令再使用憤怒情緒，就能讓門市管理者被罵的心甘情願，並且把消息放出去給其他的門市下午或是隔天會再隨即督導其他門市，讓其他門市管理者立即改善自己的門市。接下來的連續幾天也必須到處督導，如此做法才能使命令被確實貫徹。

事後處理搭配憤怒情緒：當門市處於客人爆滿的情況下，立即處理會讓員工及管理者難以維持正常的服務水準而使門市營業損失，高層管理者這時候可以先督導缺失帶回總公司，要求各門市管理者來總公司開會，再展現憤怒情緒，強調生意好跟沒貫徹命令是兩回事，沒貫徹命令就是不能原諒。

案例五：如何安撫兩個吵架的員工的情緒及預防在客人面前情緒失控的狀況再次發生

我們必須認清一件事，時薪員工的工作輕鬆或是工作勞累薪水都是一樣的，所以時薪員工當然希望生意不好讓自己上班輕鬆點，也就是說當生意非常好非常忙亂時，時薪員工的心中就會萌生出一個想法（我幹嘛那麼累），負面情緒來的時候，憤怒情緒就會隨之而來，一個不小心說話口氣就會不好，誤會就此產生。管理者在處理這種狀況下產生的衝突，只能用**立即處理搭配冷靜情緒**。

立即處理搭配冷靜情緒：為了避免發生衝突的兩個人影響客人及其他員工，必須先將兩個人帶離現場，如果要他們立即返回工作崗位，就不要將他們分開帶離現場，而是將他們兩個人聚在一處立即和好，只要兩個人之前沒有仇恨對方，他們就只是因忙亂而產生誤會，很容易就能溝通和好，如果兩個人之前就有不爽對方，那就不要把它們排在同一個崗位，這也取決於管理者對員工了解的程度。但如果要避免狀況再次發生，就要看管理者有沒有換位思考的問題感知能力，**負面情緒會產生憤怒情緒，憤怒情緒會影響自己與他人，為了避免員工產生負面情緒但是忙亂的狀況不能改變，那就只能靠管理者的正面情緒來影響整個團體，避免任何人產生負面情緒，就能避免情緒失控的狀況發生，使每個員工都能發揮百分之百的戰力迎接客人**。

重點人員：預防狀況發生

無論是哪種工作環境、家庭、學校、組織等，都有所謂的**製造狀況因子**的存在，也就是有問題的人、情緒管理不好的人、不遵守規定的人、思想偏差的人等等，會在私底下影響團體，使管理者只能一直不斷的處理狀況而不是預防狀況。為了避免不停的處理狀況，那就必須找尋自己團體內的重點人員是誰，只要控制好或是排除重點人員，組織就能順暢運行。

如果有不得已非要用重點人員的狀況下，重點人員的管教就必須使用**定期約談**的方式，**灌輸重點人員換位思考的共同體思維**，使其脫離以自我為中心的思想。

一個會為**共同體著想**的員工就不會遲到影響公司影響其他員工。

一個擁有接受他人批評勇氣的人就會**主動詢問自己在他人眼中是個怎麼樣的人**，就不會在課堂上睡覺。

一個會為**家庭這個共同體的父母著想**的孩子，至少會打電話回家告知父母無法準時回來。

一個擁有**為整個公司這個共同體思考**的門市經理，就會相信著總公司做的任何決定並且貫徹命令。

一個會**顧及他人想法**的員工，就算產生憤怒情緒也至少就不會在客人面前吵架。

所以你要達到**情緒判斷的境界**，要有以下三個條件：

（一）擁有換位思考及實際使用情緒控制處理過狀況。

（二）對自己所在的共同體內容及性質非常了解。

（三）對自己所在的共同體的重點人員有所掌握。

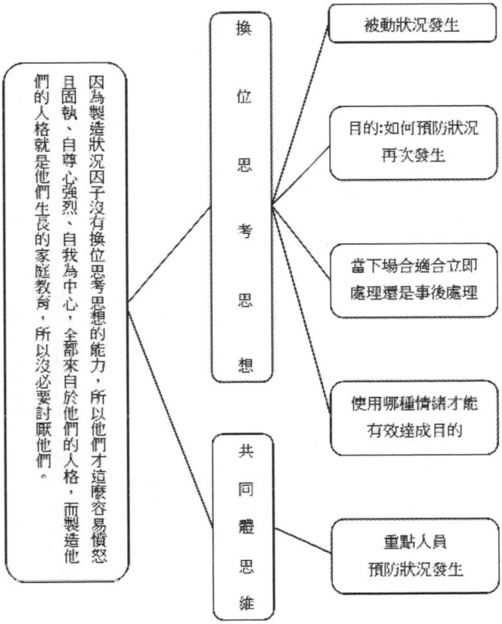

▲情緒判斷圖

做不做自己

你如果已經能做到**情緒判斷**，就代表你已經擁有換位思考思想及情緒管理能力，這時候可能會產生一個狀況，你的思維不一定跟你現在的身分、職位、年齡相應符合。

比如一個剛滿十八歲的高三生就已經擁有換位思考思想及情緒管理能力，跟其他同年齡的朋友同學很明顯思想上會落差極大，難以相處。

比如說你只是一個二十三歲剛入社會的年輕人就已經擁有換位思考思想及情緒管理能力，而職場上有些四十歲以上的老主管完全沒有換位思考能力而且情緒管理差，難以配合。

比如你是一個大學二年級的學生，已經擁有換位思考思想及情緒管理能力，因為你換位思考能力高所以無法交到女朋友。

如果做自己，就會難以融入身邊環境，甚至被排擠。但是已經擁有換位思考的你因為身邊的人思想與自己對不上，刻意降低自己的等級去迎合他們又感覺很痛苦，這時候怎麼辦。

還記得**情緒遷怒**最後說的**沒辦法改變外部刺激帶來的壓力，那只能提升情緒**

管理等級讓自己的人生快樂，你的換位思考與情緒管理等級就會往更高的境界去提升。

「朋友動不動就生氣，情緒管理很差，他的易怒人格是由家庭因素造成的，所以他很可憐，我能幫的就盡量幫，或許我能用我的換位思考影響他改改他的人格」「雖然我受不了這個老主管的人格，但為了公司我可以**用同意語言的差別**來影響他些許的改變他」「正因為我在朋友圈裡特別成熟，所以我交到的女友一定會也很成熟，不足的地方就由我來慢慢影響她。」

然而，最容易面臨做不做自己的場合就是職場及家庭，在職場上，基層的管理者與員工相處融洽，狀況發生後做自己就是以朋友身分，不做自己就是上司身分，如何不做自己又不影響職場上的人際關係。在家庭裡，父母與孩子感情融洽，狀況發生後做自己就是通融的角度，不做自己就是嚴格的角度，如何不做自己又不影響家庭中的人際關係。如何判斷及運用還是取決於你對你所處的共同體的了解程度。

當你擁有換位思考思想及情緒管理能力時，**些許的改變他人**就是你最後必須修練的課題。

第三章
處理憤怒情緒

一個在展現憤怒情緒的人，憤怒到需要他人來安撫才能平息自己的憤怒，代表他的情緒管理能力非常差，被憤怒伴隨著，過著隨時會爆炸的生活，憤怒轉化成語言及行動，然後就做出說出會後悔的事情，當你擁有換位思考能力，遇到這個狀況時，可以按照下列技巧處理：

（一）聆聽

憤怒的原因與你無關，所以他不會對你怎麼樣，你只需要看著對方的雙眼，靜靜的聽他把話說完，切記不可打斷對方，**從對方抱怨的話中找尋關鍵問題點**。

（二）轉移注意力

找到了關鍵問題點，對方憤怒的當下是什麼話也聽不進去的，更何況或許問題是出在憤怒的人本身，這時候反問他關鍵問題點，只會讓他火上加油，與其如此，不如**運用換位思考的危機處理能力的觀察作業訓練來的口才**，轉移對方注意力，讓他先平息自己的怒氣，否則時間久了對方可能會產生（**又不是你親身經**

歷，跟我講那麼多屁話幹嘛）的感覺。

（三）堅持第三者的角度

什麼時候憤怒情緒被你轉移，就什麼時候與憤怒的人溝通，**重點務必強調「你了解我一定會站在客觀角度去看事情，如果中間說的話有冒犯你請你原諒，我就是這麼客觀」**讓對方知道自己應該是有錯的，即使不接受也想聽看看你是怎麼想的，而且必須要求對方不能打斷你說話。

（四）情緒控制教育

套入**情緒控制的對比內容**說明給他聽，一樣一樣對比結果，是好的必須誇獎，是不好的必須糾正，甚至可以將對比的內容用訊息傳給他看，讓他慢慢去想。

（五）問題關鍵點

問題關鍵點通常是最讓對方不能接受且又會再度憤怒的內容，而其內容通常都涉及換位思考，讓對方難以理解又難以接受，尤其是情緒管理本身就極差的人，這個時候，可以**區分極差、有點差、普通等級**，極差的人你只需要做到情緒判斷就好，關鍵點已經不太重要了。有點差的當下判斷無法說，可以過幾天再說。普通的當下就可以說明，由你對當事人了解去判斷。

處理憤怒情緒不但可以訓練自身的換位思考能力，還可以增加自己的人際關係，如果這個憤怒的人有些許的改變，就代表對他的團體、共同體有所成長，

CHAPTER 4

第四部

換位思考思想——情緒勒索篇

擁有換位思考思想及情緒管理能力的人，就擁有**些許改變他人**的能力，但是要記住幾個重點。

（一）主動學習換位思考思想，學會只是時間問題，被動學習是無法完全學會換位思考思想的，只能些許改變他的情緒管理而已，但有時候這個小小的改變日後會成為巨大的轉折。

（二）**你與改變的對象必須是有辦法長時間相處的，他才有可能被你影響**。

（三）**改變對象必須非常信任你**，或是你透過**思想誘導**讓他逐漸信任你，否則他只會認為你在說屁話。

（四）被動些許改變他人時必須非常有耐心，好不容易有點改變，經常會因為連續的狀況又打回原形，畢竟那是他的本性。

（五）當你下定決心要些許的改變他時，就不要給自己設下時間限制，比如說一年內沒改變我就放棄之類的。

（六）達到設定目的即可收手，不要一再的灌輸他其它知識，除非他要主動學習。

情緒勒索

情緒勒索這個詞你或許沒聽過，說**有目的性**的任性、鬧脾氣、為難他人或許大家就能想像，只是情緒勒索更為嚴重非常多，與開玩笑最大不同的是，開玩笑對目的有沒有達成並不在意，而情緒勒索是強烈渴望目的達成而展現的，有時連施展情緒勒索的人都不知道自己在勒索他人，只要勒索的過程中有一次成功，就會經常使用勒索的方式來達成自己想要的目的。

當你看到這本書時，別急著想改變你身邊的人或是在勒索你的人，花點時間學會換位思考及情緒管理，在學會之前，**你只要讓對方知道，你要主動改變自己**。

情緒勒索的特性「**有目的性**」、「**拒絕接受別人意見**」、「**以自我為中心**」、「**利用彼此緊密關係**」，達到這四個特性，就構成情緒勒索的條件，進而勒索他人。

而最常出現在我們身邊的勒索種類有「**施暴者**」、「**自虐者**」、「**悲情者**」、「**沉默者**」這四種，其中以**極度自虐者**最難處理，最難處理的原因是「**利用彼此緊密關係**」，用生命威脅的狀況下，除了妥協沒有辦法，但真的沒辦法了嗎？讓我們一一分析。

目的分析：對方內心真正的目的為何。

了解造因：會造成這個問題發生的關係圈裡面可能會牽扯很多人，其中一個一定有自己，綜合判斷後就是問題的根本，最終還是會牽扯到勒索者本身**人格**的問題。

換位思考：面對情緒勒索的人，即使被勒索的人是你自己，我也希望能站在他們的立場想想，不要去恨他們，因為連自己的情緒都控制不好的人，生活是很不快樂的，而它們正需要我們這些有換位思考思想、有情緒管理能力的人來些許的改變他們，讓他們的人生變得快樂，這才是出這本書真正的意義。

是否妥協：妥協與不妥協都會帶來正面效果與負面效果，再去判斷到底要不要妥協。

問題鏡象化：勒索者給我的壓力或問題，反而讓自己面臨另一個壓力或問題，讓勒索者不得不退一步，及阻止勒索者再次勒索。

施暴者

利用對方在乎的人、事、物來威脅為難對方以達成自己的目的，反抗的下場是你自找的，並且把錯全都推給對方，讓身邊的人認為壞人就是你。

與施暴者關係：上司與部屬、夫妻、親子、老師與學生

案例：

（一）如果你沒辦法繼續配合輪班，那明年升遷的名單上出現你的名子機會就不大。

（二）如果你一直拒絕我的性需求，我就去外面找女人。

（三）如果你非要嫁給他，那我們就斷絕父女關係。

以上這三個案例，均已達到勒索特性，所以構成施暴者類型的情緒勒索。

特性分析：

（一）案例一：是一個利用上司與部屬之間上對下的關係，上司掌握了部屬最在意的升遷大權，而目的只是讓自己比較好排班，儘管部屬是因為家裡

因素，跟上司反映後仍然得到這個回答。

目的分析：上司為了讓自己好排班，而無法輪班的理由雖符合規定但實在難以接受。

了解造因：所謂的造因就是為什麼上司會以自我為中心做這個決定，將問題丟還給你自己，說出勒索的話。是上司本來就是這樣的人嗎？還是自己平常跟上司處的不好？還是自己提出無法輪調的方式有問題？

換位思考：今天站在上司的角度思考，平時就比我們員工還累壓力還大的上司，當然能少一事就少一事，所以他今天會說這個話或許不是來自本意，而是壓力太大造成。

分析結果：當以上問題都探索清楚後，得到的答案是：我今天因為家庭因素只能上白天班，不能再像以前早、晚、夜班都可以輪，不但會造成上司排班的困擾，其他同事輪晚夜班的機會就變多，而且還可能會造成其他同事有樣學樣，管理上有困難。為了預防這個狀況發生，上司就用掌握升遷的權利來勒索我，希望我繼續配合輪班，家裡的事情另外再想辦法。

如果妥協：公司那邊與上司同事就會相處得很好，會不會升遷不一定，家裡的問題就只能另尋他法。

如果不妥協：與上司及同事間相處可能就會有點問題，因為上司會在同事之間講閒話，升遷機會渺茫，但家裡問題可以得到解決。

反制手段：今天**選擇的是不妥協**，那你必須**反制**的狀況有**「與上司之間的相處」「與同事之間的相處」「升遷的問題」**

反制時必須深思熟慮的善用**同意語言的差別**，利用換位思考化危機為轉機，以達到反制的目的，決定於你了解的那個上司會怎麼回你話。

「與上司之間的相處」：這個是主要問題根本，拒絕你的上司後，上司會怎麼想這件事，既然他已經勒索你，就代表他可能會陷害你或反制你，想好應對方法反制他，以達到你想要的目的，比如說**我不希望我拒絕上司後，對日後工作造成被針對的影響**，可以區分（**硬性的話與軟性的話**），硬性針對上司對你的勒索：**不好意思老闆，我其實很難相信我敬愛又信任的老闆會用這種方式來勒索我，但是我必須以我的家庭為主，不是我想這麼做而是必須這樣做，希望老闆你能諒解**。軟性針對你對上司的感謝：**謝謝你沒有直接拒絕我，你還是我敬愛的上司，等到家庭狀況告一段落後我還是可以回來幫老闆你的忙，我還是熱愛這份工作的，同事那邊我會跟他們解釋**。不管上司有沒有聽進去，可以明白的是，讓他知道你知道他在勒索你，讓他知道無法輪班只是暫時性，讓他知道你自己也很為難，讓他知道你是必須這樣做不是刻意這樣做，最重要是讓上司知道用勒索的方式很沒道德，可能導致他會失去一個忠誠的員工，或是一群忠誠的員工。而上司聽到這種話儘管表面上裝作和好，心理是有可能還是極度不滿的，這時候上司就會找尋群眾的力量來給予壓力讓你屈服。

「與同事之間的相處」：因為你無法輪班導致其他員工輪夜班晚班的次數增加，為了不讓同事因此排擠你，也避免上司用（因為某某無法配合輪班只能上早班了，所以其他人的夜晚班只好多輪一點吧）這種帶風向排擠的方式威脅到你，必須先打好預防針，才能維持好與同事之間的好關係。在同一個公司裡，最好還是和平相處的，所以上司對你的情緒勒索，你不能把他拱出來，反而還要幫上司說好話，比如說（**各位同事們，真的抱歉，因為家庭因素我必須暫時只能上早班，晚上必須顧家裡一陣子，等狀況好一點後還會繼續配合輪班減輕大家負擔，在這之前就只能拜託各位了，上司那邊我也跟他說明清楚了，他也很能諒解我讓我只輪早班，所以就麻煩各位了！**）

當你的上司問起時，或是你的同事主動跟上司提起時，上司除了傻眼然後接受外，沒其他辦法。因為你沒有把上司對你的情緒勒索拱出來反而還幫他說話，沒有人會笨到再跟所有員工說（我不是諒解他我是在勒索他）這種以德報怨的方式，所以他只能接受，沒有辦法。

「升遷的問題」：取決於你在這件事後的工作態度，記住一個重點「**你對別人友善，九成以上的人也會對你友善，你對一個正在憤怒的人友善，九成以上的人不會把憤怒情緒發洩在你身上，你對一個不爽你的人友善，他還繼續針對你只會顯得自己的格調很低，然後慢慢被你感化**」展現你認真工作的決心與態度，讓他知道你真的因為有狀況才只能輪早班，時間久了他自己會為他勒索你的事情感到後悔，升遷的事情就能解決。但也是有記仇非常深的上司，等待者你的把柄幫自己討回一把，而這個把柄就是升遷，所以當初做妥不妥協的抉擇時，選擇不妥協就是有如此風險。至少你維持好與同事之間的關係。

（二）案例二：這是一個利用夫妻之間關係的情緒勒索，妻子因某些原因經常拒絕先生的性需求，身心不滿的先生說了這句話把問題全丟給妻子，讓妻子為難。

目的分析：先生為的是自己的性需求，還是另有目的，比如說為自己已經外遇找了個合理的藉口。

了解造因：先生平時性需求本來就很大嗎？自己是否真的經常拒絕丈夫嗎？妻子對性的觀念是如何呢？往最壞打算去想，丈夫是否真的為了自己已經外遇找藉口？

換位思考：站在丈夫立場想，男人性需求本來就比女生大，而丈夫工作辛苦承受家庭大部分經濟壓力，懷疑丈夫出軌是不對的，完一丈夫沒出軌而妻子卻懷疑他出軌，可能導致婚姻破裂。或許是妻子自己的性觀念有問題。

分析結果：當以上問題都探索清楚後，決定相信丈夫不會出軌，丈夫是因為性需求得不到回應，被拒絕多次覺得十分沒面子，而自己因為工作是輪班制非常繁忙，所以沒有在乎到丈夫的感受，丈夫一氣之下才會有情緒勒索的狀況出現。

妥協：妻子隨時要配合丈夫的性需求，而妥協了丈夫之後遇到其他狀況可能會用相同的勒索方式對妻子勒索。

不妥協：雖然先生不會再用勒索的手段，也不一定真的會出軌，但可能會導致夫妻之間產生裂痕，因為先生性需求的問題還是沒得到解決，問題再度丟還給先生，就好像（**你真的敢外遇我就跟你離婚讓全天下知道**）

反制手段：今天選擇的是妥協，而必須反制的手段有「**夫妻相處的問題**」「**避免丈夫再次使用情緒勒索**」

「夫妻相處的問題」：問題的主因還是始於妻子因工作繁忙屢次拒絕先生的性需求，而夫妻之間相處時性生活是非常重要的一環，這點身為妻子的她當時並不知道，才使丈夫有這樣的舉動，認錯並且妥協的同時，重點在於今後**夫妻雙方的相處理念是否能以共同體為思考**。所謂的**大妻共同體思維**，並不是我為了我自己，也不是我為了你所以我今天才妥協，更不是我為了小孩所以我忍。**夫與妻缺一不可**，缺了一個將不再是一個完整的共同體，所以先生與太太都必須為了維持整個家庭成長前進而努力，有了家庭這個共同體，**目標共識**就是夫妻共同體的核心，包含前面所說的家庭教育共識、習慣上的共識、理財的共識、觀念的共識、未來計畫共識等等，基於這幾點，妻子就可以這樣說「親愛的，是我沒注意到你的感受，今後我不再會拒絕你的性需求，我也不希望我們之間產生裂痕，但這次的爭吵使我成長，了解到夫妻之間一些相處必須了解的事情，我希望我們不要再出現類似的情況，真的不好受，為了我們這個夫妻共同體我會多花一些時間去了解什麼是**夫妻共同體思維**，等我了解後我們再花點時間好好討論我們未來的計劃好嗎？我們彼此都需要成長，我們一起加油好嗎」認錯妥協的同時，把丈夫的思緒軟化，並且讓丈夫感到虧欠，使他也想避免類似的事情再次發生，為了避免就會去思考妻子講的什麼是夫妻共同體思維。

「避免丈夫再次使用情緒勒索」：丈夫會使用情緒勒索，不管刻意還是無心的，就是個以自我為中心思想的說話方式，而且情緒管理能力不好，不懂說出這句話的後果會有多嚴重。今天選擇的是妥協，嘗過勒索成功的滋味，對於一個自我為中心的人是會感到自滿的，下次再次使用勒索的機會就會非常大。基於以上幾點，就必須**說出能夠不使對方動怒又能達到避免對方再次使用情緒勒索的方法**。看似很難，其實不難，用換位思考去想只要不讓丈夫無意識地說出「**我會講那句話還不是你逼的**」這句話，什麼說法會讓丈夫說出這種話。比如說「雖然是我的錯比較多但你能不能不要說這種話」「這件事情之後拜託以後不要再這樣對我我受不了」「答應我，以後不要再這樣對我說話」這些話可能又會燃起好不容易才平息的怒火。同樣是避免丈夫再次情緒勒索，妻子可以改成這樣說「**親愛的，我想謝謝你用那句話讓我意識到自己思想不成熟的地方，但從今天開始我會努力了解夫妻相處之道，所以之後有問題我們用溝通的方式，坐下來好好談談就好可以嗎**」讓丈夫看到妻子改變的決心，用暗示的方式希望用和平溝通以取代情緒勒索，而**謝謝你用那句話讓我意識到自己思想不成熟的地方**這句話，其實是諷刺丈夫是個不會溝通的人，畢竟夫妻之間是一輩子的，所以任何反制手段都不宜使用硬性的話來使目的達成。

（三）案例三：這是一個典型利用親子關係脅迫的情緒勒索，可能是父親過度擔心，也有可能父親控制慾太強，而且萬一威脅不成功，女兒將被披上

「不孝」兩個字，成為親戚間排擠的對象，就為了一個沒辦法給妳幸福的男人。

目的分析：因為自己的父親非常不喜歡自己決定要嫁的男人，為了達成「不讓女兒嫁給這個男人」的目的，於是說出這句話，逼迫女兒在親情與愛情之間選一個。

了解造因：為什麼父親會這麼排斥我決定要嫁的男人？是因為經濟狀況還不穩定嗎？還是覺得我們思想不夠成熟？對於未來的規劃有沒有好好跟父親談談？還是我們的行為上有問題？

換位思考：站在父親的立場想，當然希望自己女兒嫁給一個好男人，能夠幸福的過一輩子，就代表父親認為我帶回來的這個男人無法給我幸福，那哪裡有問題使我決定要嫁的男人達不到父親的要求，還是父親看到、感覺到我沒看到的事情，是不是要找個時間與父親好好談談。

分析結果：當以上問題都探索清楚後，原來是對於未婚夫現在的送貨司機工作感到擔憂，一個月只有三萬初，身上也沒多少存款，未來的規劃不清不楚，即使來女方家見面吃飯，有空閒時間就在玩手機遊戲。

妥協：如果妥協父親的勒索，那從此以後父親都會用同樣手段來挑選女婿直到滿意為止，而且對自己選擇的未婚夫非常不捨，會有一輩子陰影。

不妥協：可能從此真的斷絕父女關係，在親戚間備受排擠壓力，得不到父親的祝福，這段婚姻也會有陰影，而且未婚夫的思想及行為確實有問題，因為自己本身也很愛玩手機遊戲所以感覺不到父親角度所看到的、感覺到的。

反制手段：今天的**選擇是不妥協**，而必須反制的手段有「**父親的情緒勒索**」「**達到父親的要求**」

「**父親的情緒勒索**」：達到父親要求是需要長久時間觀察的，所以立即要處理的就是避免父親真的與妳斷絕關係，請善用情緒控制及情緒判斷。會使用情緒勒索的父親是不會等妳們改變，更不會相信他會改變，既然做什麼都沒用，展現**決心**的態度才是關鍵。與其哭哭啼啼，不如用堅強的心態去面對眼前必須處裡的所有問題，而且是兩個人一起處理。父親給妳的選擇很簡單，就是二選一，而妳的選擇也很簡單，就是兩個都要，**讓父親把丟給女兒的選擇感到非常後悔**，要做到這點必須同時使用軟性的話及硬性的話，並且將父親的風向帶往別的目的。可以這樣說「**親愛的爸爸，我冷靜思考後，我理解了爸爸對我說這句話的真正用意，因為我知道深愛著我的爸爸是不會真心對我說出這句話的，目的其實是要我們了解自己目前的問題，而這些問題我們自己本身並不瞭解，我發現我們有多天真無知，但經過這件事**

後讓我們成長，當爸爸你要我選擇你與未婚夫，我可以堅定的告訴你，我兩邊都不會捨棄，無論少了哪邊我的人生都會變得不快樂，這就是我的答案，我們會一起成長，請爸爸相信變得堅強的女兒的決定。」這段話其實用書信或事簡訊的方式會比較恰當，讓情緒激動的父親有冷靜思考的時間。

「達到父親的要求」：講歸講，做又是另外一回事，畢竟看不到成果只會讓父親對女兒絕望，要讓父親認同這段婚姻，就要了解如何達到父親的**最高要求**，沒有這個決心，那就直接選擇妥協選項。但是將自己的婚姻目標以父親為基準其實是錯誤的觀念，意思是就算達到父親的要求，這個婚姻相處模式自己卻不喜歡不習慣，將來相處上還是會出現爭執。所以並不是要按照父親的要求去走，而是身為夫妻的妳們，成長後，對於未來的所有規劃是什麼，包含生育計畫、教育計畫、經濟運用、夫妻相處觀念等等，未婚夫有辦法在岳父面前侃侃而談，這才是父親的最高要求，即使有些想法與父親有所出路，也能以過來人身分冷靜地給予指導。有類似狀況的讀者們請善用「**接受批評的勇氣**」，讓父親知道女兒這段婚姻是經得起考驗的。這段故事會使用到我之後要出的書的內容**慾望的陷阱**，畢竟其中一方成長而另一方沒成長，兩個人就會出現**斷層**，這也是台灣學生時代的情侶出社會後，會面臨到的問題，無一例外。

自虐者

利用彼此非常緊密的關係，以傷害自身的方式來威脅他人妥協而達成自己的目的，若不妥協就做出自殘的行動讓他人感到後悔，直到他人妥協為止。這是最難處理的情緒勒索方式。

與被情緒勒索之間的關係：親子、夫妻。

案例：

（一）你非要去國外進修，那你每天晚上都必須跟我通電話，不然我就一直等你電話不睡覺。

（二）你們再繼續逼我讀書，我就絕食給你看。

（三）不要把帶孩子的工作都丟給我，我會得憂鬱症。

（一）**案例一**：女兒為了自己的夢想規劃，決定去國外進修服裝設計，擔心到不行的母親深怕女兒隻身在外會出什麼事情，但又不能阻止女兒的夢想，於是只好與女兒約定每晚通電話，不然不睡覺。但母親不知道這已經達成自虐情緒勒索的標準，無形中給女兒造成心理上的負擔。

目的分析：因為過度擔心女兒，為了達到每天都能知道女兒是安全的目的，以自身的健康威脅女兒，要求女兒每晚通電話。

了解造因：為什麼母親會如此擔心？是不是我的交友圈還是個性使母親無法放心？母親對出國進修的環境瞭不瞭解？還是母親根本不希望我離開她身邊？

換位思考：今天站在母親的立場去想，自己女兒隻身出國一去就是一年，沒有一個母親不擔心的，但是母親擔心到用這個方式來逼迫我，代表我有些地方有問題使母親不得不這樣做，否則無法安心入睡。

分析結果：當以上的問題都探索清楚後，原來母親得知女兒想出國進修後，開始詢問親戚們女兒的想法是否要支持，而親戚給的回答卻是國外很亂治安差，去的時間又久，難保不會出事，使母親更加擔心，所以才會使用自虐勒索的方式威脅女兒。

妥協：每晚通電話雖然會使母親安心，但難保會遇到什麼狀況沒有打到電話，而且電話費會爆貴，又是另一個煩惱。而且無法解決母親的過度擔心的個性。

不妥協：就真的怕母親過度擔心不睡覺導致身體出問題，或是過度擔心導致得了憂鬱症，會讓自己覺得是自己的堅持害了母親。

溝通共識：所謂的溝通共識，就是運用**情緒控制、觀察環境**，來分析在自己目的不變的情況下，如何引導對方退一步到達雙方都能接受的局面，再使用同意語言的差別，分析給對方聽，以達到共識。必須溝通的問題有「**母親過度擔心的問題**」「**每天通電話會使電話費爆貴**」「**以自身健康威脅女兒的方式**」

面對自虐勒索者，不存在妥協與不妥協，只有各退一步達成共識，雙方都能接受的情況下問題才能解決。而最難纏的就是自虐者堅持不退讓，不退讓的原因就是**不想再面對壓力**，因為自虐者沒有強大的內心來**面對壓力、分析壓力、處理壓力**。所以才把責任都丟給壓力來源，讓自己輕鬆。

所以要使自虐者退一步，就必須把**問題鏡象化**，以案例一來說：**母親過度擔心的問題**就是**母親面對擔心女兒的壓力**，**每天通電話**就是母親分析最能夠減緩自己壓力的方法，為了達到每天通電話的目的就會**以自身健康來威脅女兒**，就是母親的處理手段。

相反的，女兒每天打電話給母親換來的是爆貴的電話費，為了支付這個電話費女兒只好在進修期間節食省錢，反而導致女兒的身體健康出問題，母親不用擔心女兒安危反而要開始擔心女兒的健康，原因是母親要求女兒要每天打電話。所以在女兒進修的目的不變的情況下，母親避免了過度擔心的問題，就會面臨到女兒為了省錢節食導致健康出問題。再兩難的情況下，女兒這時候可以開始提出各退一步雙贏的想法：「媽，我很感謝你支持我出國進修，我也很感謝你這麼為我擔心，我出國不在這一年我也會很擔心媽媽妳的狀況是否安好，但是每天通電話這個費用會使我經濟出狀況，不如我們改成禮拜二、四、六晚上通電話，如此一來這個費用不太會造成我的影響，我們也能夠在約定的日期內通電話知道彼此的狀況是否安好，剩下的時間我也能專心進修，我們各退一步好嗎？」

問題鏡像化：妳給我的問題反而會讓妳自己承擔另一個問題，使你不得不退一步。

（二）案例二：父母希望兒子將來長大能夠成材，於是對於課業非常要求，承受巨大讀書壓力的兒子只能按照父母意思不停地讀書，其他有關娛樂的事情幾乎禁止，終於有天受不了於是說出了自虐情緒勒索的話。

目的分析：因為讀書壓力過於巨大，為了達到不想再被逼著讀書的目的，於是以自身健康威脅父母，要求父母不要再逼迫自己。

了解造因：兒子讀書壓力是不是真的太大？還是讀書的方式有問題？還是父母教育的方式有問題？以前不會為什麼到了國中現在才會？還是校園環境發生了什麼

問題？

換位思考：站在兒子的立場想，進入叛逆期的兒子，對於思想開始有了所謂的**自主性**，而我們做父母的除了逼兒子讀書外沒有想過其他的，更別說給他自己的能運用的自由時間，換做自己如果一年下來每天都花十二小時工作全年無休，自己也會壓力太大崩潰。更何況是一個未成年的孩子。

分析結果：當以上的問題都探索清楚後，原來是孩子只能按照父母給的時間表去成長，沒有給予自由的時間，而時間表大部分都是讀書與補習，上了國中後開始有了自主性思想，與同學相處之間又接觸了手機遊戲，想要玩手機遊戲放鬆自己卻連手機都沒有，羨慕同學玩手遊、自己沒有手機、沒有自由空間、父母給的讀書壓力等種種因素之下，才使兒子崩潰。

妥協：兒子不再絕食，但課業可能從此退步，而且接觸了手機遊戲可能導致兒子從此沉迷，再也不關心自己的課業，只要父母一逼迫，兒子就會使用相同類似的手法。

不妥協：怕兒子繼續絕食，或是使出更激烈的手段使目的達成，最慘可能會導致失去這個孩子。

這個案例是一個失敗的全面性家庭教育，期望兒子長大成才，為了達到這個目的，孩子必須用功讀書，其他都不重要。當孩子接觸到其他成功的全面性家庭教育的同學時，比對後才發現自己沒有所謂的自由時間，沒有所謂的紓解手段，沒有所謂的自我未來規劃，自己的父母沒得溝通，只能按照他們的方式走，其他全面性家庭的孩子會有與父母討論的空間，再看到其他同學們在討論手機遊戲，自己完全聽不懂，有類似狀況的父母第一件要做的事情就是承認錯誤但不妥協，讓孩子知道自己的父母還是能夠溝通的。

溝通共識：問題的根本其實是父母教育的方式有問題，在孩子面前承認錯誤感覺很沒面子，但是**用錯教育方式導致孩子用情緒勒索才得以溝通的父母才是最丟臉的**：與此相比，在孩子面前承認錯誤算的了什麼，但也不代表孩子沒有錯，所以必須溝通的問題有「**兒子使用自虐的方式來達到自己想要的目的**」「**父母分享失敗經驗的勇氣**」「**讓孩子規劃自己的時間表**」「**不能讓步的事情**」。

問題鏡象化：孩子面對的問題是無法溝通的父母給予的讀書壓力，想要自己的自由空間及自主思想就是最能夠紓解自己壓力的方法，為了達到此目的但是父母又無法溝通，只好使用自虐勒索來使自己的目的達成。

相反的，突然獲得自由的孩子，拿到手機後可能就此沉迷，課業開始走下坡，也會開始與放縱式家庭教育孩子有所接觸，身為父母是無法接受這些狀況發生的，原因就是孩子擁有放縱式的自由空間與自主思想，問問孩子長大後，自己能夠接受將來只對手遊有興趣的自己嗎？

狀況發生是件好事，才能認知到彼此的問題，才成重新認識自己進而改變自己，提前是你必須擁有換位思考思想。

看著陷入兩難的孩子，父母首先要做的就是在孩子面前「**父母分享失敗經驗的勇氣**」：「兒子，我們承認我們的教育理念是有疏漏的，也沒有在乎兒子你的承受巨大壓力感受，一昧的只要你按照我們的方式去走，才會讓你有自虐的想法。」「**兒子使用自虐的方式來達到自己想要的目的**」：「但不代表我們妥協你要求的事情，我們也不能認同你自虐的做法，這做法讓我們非常心痛，想要跟我們溝通，想要有屬於自己的空間，請你先跟我們道歉。」「**讓孩子規劃自己的時間表**」：現在我們各退一步，你想要屬於自己的自由時間，當然可以，我們可以藉此聊聊你對於你的未來規劃有沒有什麼想法，對於未來規劃要怎麼去執行，你擁有自由時間後要怎麼運用，將來碰到壓力你打算怎麼抒發這些壓力來調適情緒，你也可以問問你身邊朋友（全面性教育家庭的孩子）這些自由時間怎麼運用，我們也希望你擁有自己的興趣，好好規劃給我們看好嗎？在課業能維持的情況下，爸媽是支持你擁有自由時間的，至於補習，你只需要告訴我你需要補什麼科系就好，爸媽不再像以前一樣不能溝通聊天，有什麼狀況問題都能談談」「**不能讓步的事情**」：「你想要手機當然沒問題，但我們不准許你玩手機遊戲，那東西只會浪費你的時間，吸引你沉迷，這是我們做父母的絕對不能讓步的事情。

陷入兩難的人，除了退一步接受次等選擇，沒其他辦法。

（三）案例三：夫妻雙方都有工作的情況下，妻子工作時間是早八晚五，而丈夫的是工作十二小時而且需要輪晚上或夜班，照顧孩子的工作大部分都由妻子打理，在雙重壓力長久疲累之下於是對丈夫爆出情緒勒索的話。

目的分析：因為累積的壓力過大，為了達成丈夫也要顧小孩減輕自己壓力的目的，於是恐嚇丈夫自己會得憂鬱症，要求丈夫分擔自己的壓力。

了解造因：太太的工作是否存在壓力？自己是否有替太太分擔顧小孩或家事的工作？還是小孩越來越難顧導致太太過度疲勞？太太的個性是否會對小孩沒耐性？

換位思考：今天站在太太立場想，雖然自己輪班很辛苦，但太太上班也很辛苦，下班後又要面對孩子十分煩躁，尤其是半夜時，身體疲勞加上精神壓力，太太絕對是比自己辛苦的，而自己卻毫無察覺直到太太受不了爆發了，才知道太太的辛苦。

分析結果：當以上問題都探索清楚後，原來是自己太大男人主義，才把照顧小孩及家事都丟給太太，太太為了貼補家用出去找了份作業員的工作，晚上要顧小孩於是無法配合工廠加班遭到主管針對，而小孩到了幼稚園這個非常頑皮的年齡，又要做家事，而自己卻只要工作完全沒想過要幫忙太太分擔家務及小孩。過去面對太太的牢騷自己則是用敷衍的方式處理，才使太太崩潰。

妥協：太太不會得憂鬱症，也能從壓力疲勞中釋放出來，但從此顧小孩的工作及家事就會落到自己身上，自己為了顧小孩，工作就無法配合輪班，薪水就會少很多，反而會出現經濟危機。

不妥協：太太的壓力得不到釋放，最後可能真的會得憂鬱症，或是導致婚姻破裂，最慘可能導致失去這個太太。

這個案例是一個在結婚前沒有談論所謂的**婚姻相處模式**而導致狀況發生。

婚姻相處模式：婚前探討雙方理想的婚姻生活是什麼模樣。比如說太太希望自己當一個全職媽媽，而丈夫卻覺得太太也必須出來工作。比如說太太對於自己的工作是有目標的，即使辛苦日夜輪班也不願辭職，但先生卻認為女人就必須顧家。比如說先生希望太太一起來自己的家族事業上班，而太太不喜歡這個環境想自己在外面找工作。比如說先生覺得是太太要顧小孩直到上學，而太太認為自己顧不來沒耐心想請保母自己去外面上班。比如說將來小孩給公公婆婆帶還是要自己帶

婚姻相處模式包含了雙方的生活習慣、價值觀、能溝通的程度、能讓步的程度、必須堅持的地方、性生活觀念等等，也有極大的可能會遇到當初講好，婚後卻完全不一樣的情況，導致婚姻破裂，其中的原因又拉回到沒有**夫妻共同體思維**。

溝通共識：問題的根本在於丈夫沒有所謂的夫妻共同體思維，而太太缺乏跟丈夫溝通的方法，所以才說出情緒勒索的話，以丈夫面對狀況的角度，需要溝通的問題有「**丈夫分享錯誤經驗的勇氣**」「**太太情緒勒索的溝通方式**」「**夫妻共同體思維**」

問題鏡象化：太太面對的問題是工作壓力及顧小孩壓而導致長期的疲累，想要減少自己的壓力及疲累但丈夫卻無法溝通，最後導致說出情緒勒索的話。但說出這樣的話感覺好像自己再也不想顧小孩，非常的不負責任，如果是一般的丈夫或許

就直接吵架，最後導致離婚。對此，相反來說，如果顧小孩的工作全都給了丈夫，太太晚上只要負責家事，丈夫就會被迫只能上早八晚五的時間，薪水相對來說少很多，不但家裡的收入降低很多，而且太太輕鬆了換成丈夫辛苦了，也就是原本是太太因疲累壓力快得憂鬱症，換變成丈夫疲累壓力快得憂鬱症。

看著情緒瀕臨崩潰的太太，丈夫首先要做的是「**丈夫分享錯誤經驗的勇氣**」：「老婆對不起，是我以為賺的錢多的人就可以不用分擔家事及顧小孩的工作，是我沒顧慮你的感受，你辛苦了，以後我們所有的事情都一起分擔好嗎」

「**夫妻共同體思維**」：家庭的這個共同體是由夫與妻共同組成，**單一個人遇到的問題就是雙方一起面對、一起分擔、一起解決，要苦一起苦，要爽一起爽，不存在互相比較的心態，就是所謂的夫妻共同體思維。**

而將夫妻共同體思維表格化，就是所謂的夫妻生活輪值表，但夫妻生活輪值表只是為了方便管理生活上的一些可能會疏漏的小細節，這東西用久了，沒有換位思考思想的夫妻就會以表格為前提變得自私且計較，最後還是要學會什麼是夫妻共同體思維及換位思考思想。

「**太太情緒勒索的溝通方式**」：「老婆抱歉，是我的問題導致你壓力過大，妳才會說出情緒勒索的話，以後我不再大男人主義，以後我也什麼事都能溝通，相對的以後別用這種方式來表達自己的問題，尤其在孩子面前更是不應該，這次是我不對，以後我們好好溝通一起努力好嗎？」為了避免太太再次情緒勒索，除了承認錯誤，重點是這樣的表達方式會對孩子造成不良示範，只要丈夫好好溝通體諒太太，就絕對不會再出現情緒勒索的狀況，因為丈夫脫離了自我為中心轉變成以共同體為中心的理念。就不再區分這時間是你顧小孩，這時問是我的休息時間等等。**互相體諒變成是一件家常便飯的事情，夫妻就會有目標共識，有了目標共識，這個共同體才會幸福快樂的朝目標前進，人生就能獲得真正的幸福。**

在了解自虐勒索後各位有沒有發現一個問題，**被勒索者一定是產生狀況的人但不一定就是有問題的人**。

自虐勒索的種類區分三種：

（一）有問題的是勒索者，而且非常無理取鬧難以溝通，也就是案例一

（二）雙方都有問題，彼此冷靜後互相認錯各退一步事情往往很快能得到解決，也就是案例二。

（三）有問題的是被勒索者，以自我為中心毫不在乎勒索者的溝通，也就是案例三。

然而最可怕的就是**極度自虐者**，各位在面對極度自虐者手上拿一把刀抵者自己的脖子或是站在陽台上準備跳下去的狀況時。無論是哪種類型，除了**先妥協再說**沒有其他辦法，而且妥協後，勒索者心中會產生陰影使勒索者帶者審查的角度一輩子審查著被勒索者，而且**無法使用問題鏡像化**，以我們之前的三個案例來說就會變成：

（一）你非要去國外進修，那我就死給你看。

（二）你們再繼續逼我讀書，我就死給你看。

（三）不要把帶孩子的工作都丟給我，小心我死給你看。

再次強調，面對這種狀況，就算擁有換位思考的人，也只有先妥協的唯一選項，沒有其他辦法。正因如此，我們就有兩條路可以走：

狀況發生之前學會換位思考及情緒管理，預防事情發生。

狀況發生之後學會換位思考及情緒管理，誘導他人改變。

悲情者

此種類型的勒索者，介於任性與憂鬱症之間，利用與被勒索者之間的緊密親情關係，展現悲傷激動情緒使對方感到為難而達成自己目的。

悲情勒索者特質

（一）強烈地以自我為中心
（二）自卑心理
（三）曾經遇到重大挫折
（四）強烈渴望在他人心中有自己的存在感
（五）強烈渴望備受關懷
（六）歇斯底里

悲情勒索者情緒展現

（一）無法控制的悲傷情緒
（二）激動與悲傷情緒反覆不定

與悲情勒索者關係

（一）親子關係
（二）夫妻關係

在這裡先跟各位說清楚，**情侶關係**並不算在內，悲情者對你做出勒索行為時，你只需要**判斷然後割捨**就好，就算在他手上有你的把柄，持續地被勒索只會讓勒索者快樂，讓你自己活地更痛苦，不敢割捨，就代表你的內心不夠強大。

與悲情者有血緣關係或是夫妻關係所以是無法切割的，如果無法切割，那就只能**面對問題、分析問題、解決問題**，在對面親情的勒索者選擇視而不見的人，也代表你內心不夠強大，因為你選擇了逃避，就代表你錯過了學會換位思考思想的機會。

被勒索者如果沒有換位思考能力，就不要妄想去改變他，要改變悲情者，即使擁有換位思考能力，也需要幾年的時間。當你沒有換位思考能力的當下遇到悲情勒索，你只能花好幾年的時間一邊學會換位思考一邊改變勒索者，因為勒索者是不會承認自己有憂鬱症，更不會去就醫，反而會讓對方覺得你準備要拋棄他而加速成為**極度自虐者、重度憂鬱症**的可能。

悲情者種類

（一）為他人付出要求回報
（二）渴望他人憐愛
（三）心理創傷

案例

（一）把你養這麼大花了這麼多錢，現在你開始工作了跟你拿一點錢錯了嗎？我可是你媽媽！

（二）如果你真的愛我，就應該疼我順著我一點，我是你老婆不是嗎？

（三）反正我就是爛這麼差才會被人玩完就甩了，你們也不用浪費時間在我身上。

對面這些令人為難的問題時，被勒索者必須先控制好自己的情緒，並且運用自己強大的內心與耐心，對方都是利用與你之間無法切割的緊密關係來勒索你以達成自己的目的，所以被勒索者也可以利用與勒索者之間的緊密關系把**問題鏡象化**，使對方知道自己的無理取鬧只會得到反效果，再由勒索者決定是否妥協，也就是決定是否妥協的人變成勒索者而不是被勒索者。對一個以自我為中心的人一次兩次的問題鏡像化不可能就會有效果，但經過幾百次及幾年的問題鏡像化，就必定能使勒索者慢慢脫離自我為中心思想轉變成共同體思維。

（一）案例一：把你養這麼大花了這麼多錢，現在你開始工作了跟你拿一點錢錯了嗎？我可是你媽媽！

目的分析：看似要錢是媽媽的目的，但透過勒索者的情緒、口氣、用詞就能知道，為了得到被兒子或其他人疼愛的心理訴求，**透過跟兒子要錢的手段來達成「我是你媽媽趕快把我捧在手心或是讓我為兒子感到驕傲」的目的。**

了解造因：為什麼媽媽會有這樣心裡訴求？是因為我們這些子女不夠關心她嗎？還是媽媽本身就是這種人？還是有外在因素使媽媽變成這樣的人？

換位思考：站在媽媽的立場去想，只要身為父母一定都希望自己的子女長大成才，讓自己感到驕傲，只是自己的媽媽對於這方面不懂得怎麼表達，也可能操之過急，還好面對媽媽的是我，就讓我來些許的改變她。

分析結果：會有這種狀況，原因是因為媽媽與鄰居親戚間閒聊時，都在談論自己的兒女工作有多好，錢賺得有多少，拿多少錢回家，被強烈嘲諷的母親意氣用事才會對剛出社會的兒子做出情緒勒索，壓力來自於與親戚鄰居間的比較。

妥協：錢固定每個月給了母親，解決當下被勒索的問題，但無法解決母親愛與他人比較的心理壓力，之後被勒索的問題只會變得經常發生。

不妥協：保住了自己的錢，但會讓母親多了一個「兒子是不是不愛我了，是不是不要我了。」的想法，讓狀況持續發生並且衍生出其他的勒索方式。

問題鏡象化：面對正在哭鬧的母親，你就讓她繼續哭鬧，在這時間你可以把**問題鏡象化**寫下來，要求母親「先冷靜情緒直到可以冷靜溝通」前，你只需要重複這句話或是靜靜陪在她身邊就好。想要得到妥協，想要得到答案，就只能先冷靜自己的情緒聽兒子怎麼說。

冷靜後的母親，你可以拿出你的財務運用管理表給母親看，目前每月賺多少錢，年收入是多少，扣除必要生活開銷、娛樂、保險費、繳稅後，剩下的錢在扣除定存後一年下來剩下多少，十年後目標是存多少，預計二十八歲結婚，花多少錢，二十六歲買車，花多少錢，三十二歲買房，花多少錢。如果從現在開始，每個月拿一萬回家，就算再怎麼節省，自己的所有規劃將往後延五至十年。請母親拿出家計開銷預算表一起來討論家計缺額的實際金錢到底是多少，如何在能貼補家計的情況下又不使自己的規劃延後。

存在價值：讓勒索者意識到自己身為共同體之中存在的價值是什麼，意義在哪裡，

以案例一來說，問題鏡象化後，母親肯定拿不出所謂的家計開銷預算表，既然拿不出來就只能繼續任性，然後勒索你。這時候就可以與母親溝通彼此身在同一個共同體之中存在的價值是什麼。案例一可以這樣說：「我存在的價值是當一個不讓母親擔心的兒子，為了這個共同體我願意拿一些錢給妳貼補家用，同時我也必須為

了**將來我自己的共同體**而努力存錢，所以我的責任就是顧及現在這個共同體的同時也為未來的共同體做準備，這就是**我現在存在的價值**。而母親妳存在這個共同體最辛苦的日子已經過了，現在妳要做的就是輕鬆地繼續為這個共同體付出，將來我有自己的家庭時也會勞煩母親妳以過來人身分教教我怎麼帶小孩，甚至幫忙顧小孩，這是我希望**身為母親的妳應該知道的存在價值**，而不是為了妳自己的面子而影響我未來的共同體目標，影響我達成目標的時間及可能性，這樣也會影響妳自己渴望抱孫子的時間不是嗎？妳依然是我深愛的母親。」

當我們與比自己好的人或共同體比較時，就只會得到忌妒與憤怒，忘了自己與自己的共同體的優點在哪裡。當我們與比自己差的人或共同體比較時，就會得到慶幸與鄙視，看不見自己與自己的共同體缺點在哪裡。

人不是十全十美的，當你看到一個人的缺點然後開始討厭他鄙視他時，就是膚淺的一種表現，擁有換位思考的人，看見一個人的缺點的同時也會尋找他的優點，就能找到與他的相處模式。

既然人都有缺點與優點，那我們身為夫妻、親子、同僚、師生、上司與部屬、朋友之間等等是不是應該做到欣賞且善用他的優點、不過分的包容他的缺點，這就是**換位思考思想**。

（二）案例二：如果你真的愛我，就應該疼我順著我一點，這點小小的要求也不行嗎，我是你老婆不是嗎？

目的分析：這類型的案例比較單純些但也比較廣泛，利用夫妻之間的緊密關係，無時無刻的試探丈夫對她的愛有多深，既然愛我，就應該無條件的滿足我。當丈夫無條件想盡辦法滿足太太時，太太就能夠向身邊周遭的人盡情地炫耀自己老公有多愛我，最後變成如果不順從，太太就哭天喊地的說你是不是不愛我了。

了解造因：為什麼太太會變成這樣呢？結婚前不會這樣，為何結婚後會？是什麼原因讓她變成這樣？還是有什麼外在因素導致太太變成這樣？

換位思考：站在太太的立場去想，自己的太太比較孩子氣一些，這也是她的缺點，只是某些原因造成了太太的缺點變得嚴重，錯不再她。如果因為缺點變嚴重就拋棄她，就代表這段婚姻根本經不起考驗，身為她的丈夫，我會選擇面對問題、分析問題、解決問題，沒有第二種選項。

分析結果：太太結婚前不會這樣，結婚後才開始變得這樣，原來是因為太太是自己心目中，最喜歡也是最理想的對象，正因如此自己才百般的呵護她疼愛她滿足她，結婚後更是如此，才慢慢造就太太的這種個性，「丈夫這樣對我是應該的是很正常的，以前做得到現在一定也做得到，所以我只是跟以前一樣，我沒有變，丈夫開始變得會拒絕我，她是不是不愛我了？」**太太的壓力來自於丈夫結婚前後的轉變**，而太太以自我為中心的個性、強烈渴望備受關懷的個性大部分是由丈夫造成的。

妥協：當下問題解決了，當下太太也不再無理取鬧了，但鬧脾氣鬧到情緒勒索哭的死去活來的狀況依然存在，日後也只會更加嚴重。

不妥協：可能可以嚇阻太太日後的情緒勒索，但當下無理取鬧的狀況不知道多久才會結束，而且會讓太太認為你不愛她，也有可能轉變成極度自虐者。

問題鏡象化：面對無理取鬧哭天喊地的人，要讓他冷靜下來，最好的做法就是**讓對方理解同意語言的差別並且轉移注意力**，把「既然愛我，那這一點小小要求為什麼做不到。」的這句話濃縮成「表達愛意與互相幫忙。」再解釋成「老公我愛你，老婆我愛妳」與「你可以幫我一件事嗎？妳需不需要幫忙？」你可以這樣說「我可以做到妳的要求，但請妳改變妳的用詞，妳只要跟著我說，我就會去做，妳剛剛跟我說（既然愛我，那這一點小小要求為什麼做不到），妳表達愛意跟要求幫忙的方式不太對，妳應該這樣說（老公我愛你，你現在可以幫我一件事嗎？），我當然愛妳，我也可以幫你忙，只要妳換個用詞，我就會心甘情願的幫妳。

開始堅持著這句話：「只要妳換個用詞，我就會心甘情願的幫妳。」並且附加一句老公我愛妳，哭鬧的太太當下看到跟平常不一樣的老公，心理只會想裡換個用詞是會差在哪裡，但換個用詞就能達到任性的目的，**一定會換個用詞繼續勒索**，達到目的的太太情緒平和後，丈夫開始講這兩句話的差別在哪裡，換作是丈夫勒索太太，太太要怎麼處理，最終把問題鏡象化給太太，只要太太理解**同意語言的差別**，就知道換個用詞才能達到目的，為了達到目的，就會開始去想什麼用詞丈夫會答應，什麼用詞丈夫不會答應，就會開始顧及丈夫的感受，**但要讓一個以自我為中心的人理解同意語言的差別，沒有幾百次不會成功**。

存在價值：讓勒索者意識到自己身為共同體之中存在的價值是什麼，意義在哪裡。

但是以案例二來說，要讓太太了解自己身為共同體之中存在的價值之前，還是必須讓她先了解同意語言的差別，因為這類型實在太過以自我為中心。而造因本身是丈夫，等到太太理解什麼是同意語言的差別之前，丈夫本身要先做到**承認錯誤的勇氣**，之後才是**共同體思維**，你可以這樣說「老婆對不起，是我寵壞了妳才導致妳的情緒管理有問題，所以錯不再妳，現在我們經歷過後都有所成長，現在我在這個家庭共同體之中，身為丈夫我愛妳也會照顧妳一輩子，但彼此不要再有勒索的情況出現，因為同身為父親，給孩子看到的只是不良示範，這是我的成長，也是我存在的價值。而老婆妳的存在價值，也應該是如此，對吧！讓我們一起努力好嗎？」

問題鏡象化使用時機是勒索者有辦法聽得進人話冷靜情緒時，才能使用，否則效果全無。

（三）案例三：反正我就是爛這麼差才會被人玩完就甩了，你們也不用浪費時間在我身上了。

這種案例屬與前面兩個案例不一樣在於，前面兩個案例是**悲傷憤怒反覆不定**及**狀況與被勒索者都有直接關係**，而案例三狀況就很少見，屬於**只有悲傷情緒**及**狀況與被勒索者毫無關係**，所以案例三是最難解決的悲情勒索者，會有這種激烈反應，通常造因都是一般人沒有經歷過的。

目的分析：女兒天天以淚洗面把自己鎖在家中不出門，把悲傷情緒全都發洩在父母上，才會說出（反正我就是爛這麼差才會被人玩完就甩了，你們也不用浪費時間在我身上了）這句話，但真的不理女兒時，女兒反而說（為什麼你們都不關心我，在我最需要別人關心我時你們都不願意花點時間陪我，妳們一定也覺得我很爛是不是，反正我就是爛。）這樣的話，目的只是希望**透過他人的安慰來撫平自己的傷痛**。

了解造因：女兒是不是跟男友出了什麼狀況？為何女兒的內心如此脆弱？以前女兒的內心也是如此脆弱嗎？還是有男友之外的什麼外在因素導致女兒內心變得脆弱。

換位思考：站在女兒的立場去想，她一定是碰到了巨大的挫折，才會有如此反應，這些挫折可能是身為父母或是一般人都沒有經過的，而偏偏事情發生在女兒身上，所以幫助女兒度過難關就是身為父母的責任，也是心甘情願的。

面對這種類型的悲情勒索者，不要妄想「時間會沖淡一切，時間會解決問題」等等，她把自己關在家中，就算睡覺也會夢到自己悲傷的狀況，如果沒人理她，時間久了就只有自虐或是憂鬱症的結果產生，更不要帶著憤怒情緒去處理這類型的狀況，只會讓她覺得（狀況又不是發生在妳身上妳懂個屁）。

分析結果：原來女兒有一個暗戀很久的學長，在學長畢業那天女兒主動告白成功後，一周內就發生性行為，一周後那個男的就消失的無影無蹤了。得知自己被玩了之後情緒崩潰，這件事情學校內也傳開，使女兒雙重打擊，不去上學也不出門，把自己封閉在房間裡天天以淚洗面。一邊是學校同學嘲笑的壓力，一邊是被玩完就甩的情傷，才深深覺得自己就是爛，才會跟父母說出情緒勒索的話，希望藉此能撫平自己的傷痛。

問題鏡象化：父母在面對類似這種案例時，請務必保持冷靜，要報警或是報仇都是之後的事情，最優先應該是子女的**問題分析**，女兒情緒勒索的目的是**希望透過他人的安慰來撫平自己的傷痛**，意思就是希望有人能了解她的痛苦，最好能也有過類似經驗更好，趕快來安慰她可憐她，讓自己還有存在的價值。這**類型的悲情者包括了所有悲情勒索者的特質**，所以在問題鏡象化時必須同時運用**意義論來建立勇氣**，因為發生狀況的是她自己，無關於父母及周遭的人，能走出傷痛的只有她自己，能拯救自己未來的也只有她自己，只有她自己面對了自己的問題才能走出來。所謂的建立勇氣，就是悲情者在對你做負面回饋時用正面回饋來回覆她，而問題鏡象化是你給我的問題反而會讓你自己面對另一個問題，所以正面回饋的內容就會慢慢的被接受，這就是**建立勇氣的方法**。

女兒：「反正我就是爛這麼差才會被人玩完就甩了，你們也不用浪費時間在我身上了。」

父母：「自己的價值由自己決定，不是由別人決定，妳如果覺得自己很爛那妳就是爛，毀了妳的人生的是妳自己不是那個學長。但如果你覺得自己很好，全世界的人說妳爛那也跟妳沒關係，那是因為他們不懂妳。」

女兒：「妳女兒被人玩完就甩，妳們不生氣嗎，還講一堆我聽不懂的話。」

父母：「我們當然生氣，但是暗戀學長的是妳，沒看清那個學長是渣男的也是妳，決定要跟他發生性行為的也是妳，跟他開心度過一個禮拜的也是妳，最後被玩完就甩的人還是妳，所以最後承擔後果的只有妳自己，我們雖然生氣，但換個角度想，妳走過了這一次，以後妳的內心只會更強大，妳看男人的眼光更是小心翼翼，將來遇到什麼挫折都難不倒妳。」

女兒：「我在學校都被人稱做花瓶女妳們知道嗎？明明受傷害的是我，為什麼我還要被人嘲笑？」

父母：「那是因為妳只看到只在意嘲笑妳的人，所以妳才覺得自己爛自己沒希望，傷上加傷的是妳自己不會用換位思考去想，爸媽問妳，真的是全校所有的人都認為是妳的問題嗎？難道連妳最要好的姊妹朋友都認為是妳的問題嘲笑妳嗎？妳有拿起手機看看妳的好姊妹們有沒有打給妳留言給妳嗎？」

女兒：「有阿，但是我現在根本沒心情管那些。」

父母：「所以妳很自私，妳只在乎那些跟妳不熟的人嘲笑妳的眼光，卻忽略了好姊妹關懷妳擔心妳的心情，把自己封閉在房間裡，妳對得起那些擔心妳的好姊妹嗎？如果妳用這種方式對待妳的好姊妹們，那跟那個渣男學長對待妳有什麼不同，還是妳想失去那些真正關心妳擔心妳的姊妹。」

女兒：「我不是那個渣男學長，我也沒想過要失去那些朋友，我只是很難過很難過而已。」

父母：「但是妳現在做的基本上快跟那個渣男學長一樣了妳知道嗎，因為你不會控制自己的負面情緒，不懂看人的眼光，不會換位思考，而且以自我為中心意識強烈，內心不夠強大。但換個角度想，爸媽知道妳經過這次，站起來之後，妳會知道什麼才是妳必須珍惜的，妳也會懂得控制情緒，也會大概理解什麼是換位思考，有失必有得。經過這一次，妳**得到的遠比妳失去的還多很多**，如果妳能斬站起來的話」

存在的價值：讓勒索者意識到自己身為共同體之中存在的價值是什麼，意義在哪裡

回到的第一句父母與女兒的對話，**存在的價值是由自己決定，不是由他人決定**，這個女兒存在的共同體有家庭與校園，未來的路還很長，只要能繼續好好活著，**自己的悲慘經歷，就能給現有的與未來的共同體幸福**，因為經歷過所以有所成長，不再給父母擔心，得到強大的內心，珍惜應該珍惜的人事物，讓周遭的人以妳為案例讓自己成長，看男人眼光更好，懂得換位思考，控制自己情緒等等，有了悲慘經歷換來的正面能量，就能帶給未來屬於自己的共同體家庭有更好的生活，這就是女兒經歷了這次悲傷事件的意義。

沉默者

此種類型的勒索者，在與他人發生問題或爭執之後，對他人沉默不語不理不睬，這種沉默的方式是悲傷情緒也可能是憤怒情緒的表現方法之一，而且非常強硬，大部分的勒索者都能堅持到獲勝為止，持續半年以上都是有可能的。然而沉默勒索是最好處理的情緒勒索種類，但卻是最難克制勒索者再次勒索的種類。

與勒索者的關係

（一）親子關係

（二）夫妻關係

在此跟讀者說明，正因為是**朝夕相處**的親屬關係，沉默勒索才能發揮最大的效能，運用沉默不語的方式給對方施加壓力，逼迫對方主動向勒索者道歉，就是沉默者獲勝，下次一遇到類似爭吵，又會用沉默勒索方式給對方施壓，很像小孩子賭氣或是冷戰，但時間一長，往往受不了的都會是被勒索者。不阻止這種勒索方式，最後就會演變成連爭吵都沒有，突然沉默勒索就開始了，被勒索者連自己為什麼被勒索都不知道，問的結果只會回一句：「妳連我生什麼氣都不知道」，非常的莫名其妙。

信的力量

沉默勒索的目的是**運用長期沉默給被勒索者施加壓力，讓被勒索者主動道歉**。被勒索者的目的是**可以主動道歉，但不想再被沉默勒索的方式勒索**，可是主動道歉又會讓勒索者獲得勝利，下次又會再用沉默勒索的方式來勒索。

唯一的方法的就是讓沉默勒索變得**毫無意義**，要讓沉默勒索者覺得沉默勒索的方式變得沒有意義，就要去了解，沉默勒索的壓力是什麼。

沉默勒索的壓力來自於彼此的生活中沒有語言上的交際，除了氣氛變得尷尬之外，最重要就是生活會變得不方便，因為沒有語言上的互動，就沒辦法交代事情。但如果在沉默勒索的過程中，並不影響日常的生活，時間久了這個勒索就會變得毫無意義。

既然勒索者不跟妳說話，與勒索者的溝通方式還能有寫小紙條、簡信、留言板、寫信等等，內容不是道歉，而是日常生活會說的話，會做的事情，把要提醒對方的事情告知對方。

比如說：

（一）妳上學要帶的便當在冰箱記得拿。

（二）剛剛下班後有買妳最愛吃的紅豆湯圓，記得吃。

（三）這個月的零用錢在電視下記得拿。

（四）十五號是你繳電話費的時間記得繳，還是要我幫你繳。

（五）最近下雨衣服乾比較慢，要找襪子要去陽台找。

（六）記得我明天是晚班，下午五點記得去學校接小孩下課。

（七）你的保健食品我有買一罐新的在床頭，記得吃。

（八）我昨天有幫你買一件新的上衣，有空你穿穿看，再告訴我。

（九）昨天下雨，你的雨衣晾在浴室，上班記得帶走。

（十）今天晚上我會煮你最愛吃的麻油雞，記得不要買晚餐。

大概類似這些訊息，偶爾在這些訊息的後面加一句話（你跟我冷戰，與日常生活無關，與平常關心你照顧你無關。）

是勒索者先起的頭，所以絕對不會是勒索者先低頭道歉。

一開始勒索者看到你的訊息時，會覺得毫無感覺，還會嘲笑你態度放軟用這種方式，直接來道歉就好了啊！

問題鏡象化

一開始不在乎你的訊息，在日常生活出了一些狀況時，比如說上班上課遲到、忘記繳費、東西不知道放哪裡、需要幫忙等等，但是又拉不下臉主動開口，因為是自己先起頭的，最後就只好依賴你的留言訊息避免日常生活繼續出狀況。

被勒索者也可以故意設下陷阱，不是一開始就設下陷阱，而是過一段時間後，讓勒索者不得不依賴你的留言訊息，而思想成熟的被勒索者依然把**冷戰**與**日常生活**切割開來。讓對方覺得自己很幼稚，而且沉默勒索這種抗議方式對自己非常的沒好處也很不方便。

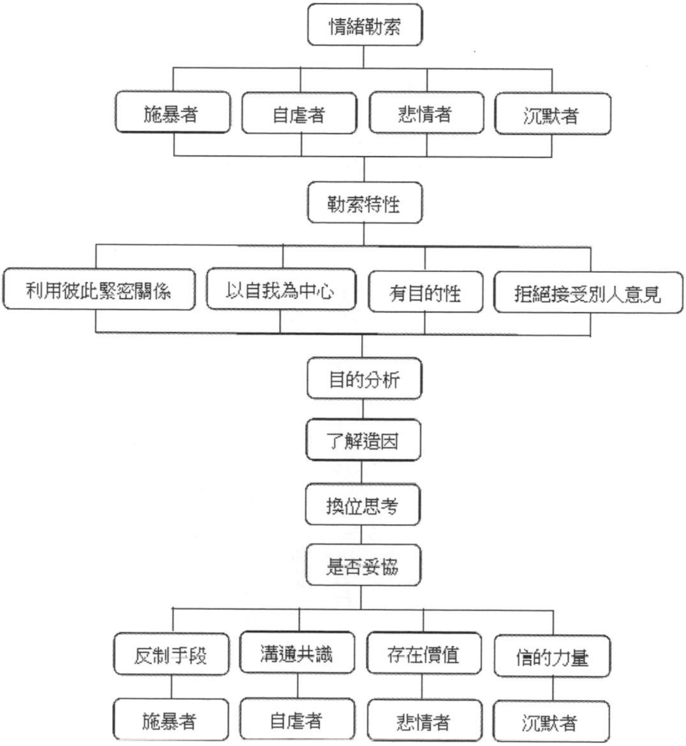

當沉默勒索者不得不依賴你的留言訊息過他的日常生活時，就是沉默勒索的問題鏡象化，因為你的冷戰方式，反而讓自己日常生活變得不方便。

當你發現沉默勒索者，開始有一些行為時，你就知道這時候主動道歉，勒索者也不會再使用沉默勒索方式表達抗議了。

（一）沒有目的性的主動在你面前晃來晃去。

（二）開始跟你有行為上的互動，只是不講話。

（三）開始會回你訊息，只是內容很單純，比如：喔、好、知道了。

（四）開始會跟你四眼相望，只是表情很不悅。

（五）會故意找一些感覺很急的事情主動跟你說話。

以上這些行為，沉默勒索者只想表達一件事情，我受夠冷戰了，快給我台階下結束這一切。

這時候被勒索者，只要態度稍微放軟，道個歉，在恢復跟平常一樣的互動，一起吃個飯溝通一下，未來遇到問題不再用冷戰的方式，而是用溝通的方式。事情就能完美解決，只是過程可能會長達幾個月到一年不等。

CHAPTER 5

第五部

換位思考思想——誘導篇

為什麼要改變他人

當你擁有換位思考思想及情緒管理能力時，就有辦法些許的改變他人，在屬於你的共同體之中，對方跟你的關係是值得你或是必須讓你花時間花力氣去誘導改變的對象，只要他有被你些許的改變了，對整個共同體會更好，也會對他自己的共同體有所幫助。進而讓他主動學習換位思考思想，只要他有了換位思考思想，他就會想去改變他認為他身邊需要改變的人。擁有換位思考思想的人越多，整個台灣的家庭教育水準就會慢慢地提高，家庭教育的水準提高就代表全面性家庭教育會越來越多，生育率會提高，同時離婚率會降低，單親家庭會變得更少，因為父母不再以自我為中心，而是都以他們所處的共同體為著想，也就是共同體思維。再次強調，你只需要些許的改變你所處的共同體就好，**當你顧好了自己所處的共同體，就是對「國家」這個共同體負責。**

第一章

情緒誘導

自我爲中心思想

當你看到一個人的缺點後，沒有換位思考的人，就會用他的缺點來判斷一個人，討厭他排斥他，甚至在他背後說他壞話，製造小團體，因為沒有換位思考的人不會站在對方的角度去著想，也不會去在意自己給別人的感覺是如何，這就是以自我為中心的思想。

換位思考思想

當你看到一個人的缺點後，擁有換位思考的人，就會找尋他的優點來瞭解這個人的個性是如何，可以用什麼方法跟他相處，他擅長的是什麼，需要改進的是什麼，他與別人處的不好不一定是他的錯，只是他**無時無刻都在做自己**然後得罪到別人而已，因為他不懂。擁有換位思考的人是有辦法跟任何人相處得當的，看要不要而已。

在不適當的場合做自己

需要改變的對象通常都**認為自己的情緒管理不好**，但因為**自我意識強烈、固執、自尊心強、自我為中心**等等人格特質，讓情緒管理不好的人儘管知道自己脾氣不好，也**拒絕改變**，也**自認為自己沒必要改變**，因為自我為中心所以認為自己一個人也很好。將上述這些特質套入在一個**基層管理者**身上，就會演變成一個經常被負面情緒影響工作的人、用負面情緒遷怒他人的人、因為經常憤怒導致人際關係不好的人、沒辦法苦中作樂的人、沒辦法與時俱進的人，最後不自覺的在員工或學生心中塑造難以相處感覺的人，以上種種結果反映出一件事情，你的情緒管理不好。

每一次發生的狀況都是改變他人的機會

當一個以自我為中心的人向一個擁有換位思考的人抱怨另一個以自我為中心

的人時，回復的內容必須十分小心，因為極有可能被誤會成（你在幫他講話，你們兩什麼關係），然後八卦滿天飛。以我自己在職場上經歷，有一句萬能的用詞不會被誤會，還可以讓抱怨的人慢慢脫離自我為中心思想，然後對我產生崇拜的眼光：「以他的角度，他只是在不對的場合做自己，以我的角度，雖然我也不太喜歡他，我會為了我們所處共同體不被他影響繼續努力，以你的角度，你可以像我一樣不被他影響繼續快樂的做事，還是像你現在這樣心情被他影響然後再來影響別人讓自己人際關係變差。」這些話需要用到**憤怒情緒分析**加上**同意語言的差別**及**共同體思維**。

改變的轉機

一個情緒管理不好的人有機會改善自己的脾氣，只有兩種可能：

（一）自己遭遇巨大挫折，為了不再重蹈覆轍，於是逼迫自己改變。也就是說，萬一他們這輩子都沒遇到巨大挫折，這輩子就都沒機會學會情緒管理能力，更別說是換位思考思想了。

（二）被擁有換位思考的人誘導去改善自己的情緒管理能力及換位思考思想。

與需要被情緒誘導的人的關係

（一）同事之間
（二）上司與部屬
（三）老師與學生
（四）夫妻
（五）情侶
（六）親子

情緒誘導的條件

（一）與需要被改變對象的關係是有辦法長時間相處的。
（二）需要改變對象對你十分信任。
（三）你與需要改變對象是屬於同一個共同體。
（四）你必須真的擁有換位思考及情緒管理能力。

（五）對方值得你去改變他。

誘導的方法

（一）立即誘導

因為你與被誘導者處於同一個共同體，所以有機會長時間相處，在被誘導者身邊等待狀況發生，運用「情緒判斷」的各項對比，依照當下狀況，在被誘導者沒做好的對比中立即提醒或是阻止，善用同意語言的差別及問題感知能力，並且耐心地忍受誘導失敗或是被誘導者將情緒改發洩在你身上。

（二）事後誘導

刻意在狀況發生時都不說話，讓被誘導者感受到挫折後，再用情緒判斷的對比給予他「機會教育」。也能透過被誘導者的臉部表情、語氣、行為、動作（刻意很大力）來判斷被誘導者今天應該是發生了什麼事情，用聊天的方式找尋發生狀況的詳細細節能運用的對比是什麼，給予正確判斷的做法。

（三）觀察誘導

運用**危機處理能力的觀察作業**，帶著被誘導者去觀察他人的情緒，利用他人處理狀況的情緒反應、處理過程及反應結果，讓被誘導者產生深刻的印象進而瞭解自己的問題，才能慢慢的接受並且承認自己的情緒管理是有問題的。

（四）自身案例

正因為被誘導者是信任你的，所以你說的案例宣導大部分都能被誘導者聽進去，在做案例宣導時，誘導者必須做到**承認錯誤的勇氣**，示範給被誘導者看承認錯誤是一件好事，正因為當年自己發生的狀況沒處理好才有辦法認知到自己的能力不足，正因為自己的正向思考接受了自己的能力不足才會想辦法去改正，要想辦法改正自己能力不足的問題就要先向他人承認自己的錯誤，身邊的人就會立即給予正向回饋並且時時監督你的能力問題，**透過自己改變自己及誘導他人幫忙改變你自己**，結果獲得情緒管理能力。

情緒誘導注意事項

（一）如果你決定要誘導改變一個人，就不要幫自己設下「時間限制」。

（二）你只需要誘導對方能做到「情緒控制」就好。

（三）情緒誘導並不設定只針對憤怒情緒，有情緒勒索徵兆的人也是需要被情緒誘導的重點。

（四）當被誘導者被你誘導到**願意承認自己的錯誤**時，就不用再等狀況發生才實施情緒誘導，隨時都可以對被誘導者進行情緒控制的教育，不是承認自己脾氣不好，而是承認某個狀況自己沒處理好，原因是沒做好情緒管理。

（五）只需要做到**些許的改**變就好，儘管被誘導者進步很多。

第二章
思想誘導

你給別人的感覺

「你給別人的感覺」這句話的意思是跟你日常生活相處久了的同事、朋友、家人等，讓這些人一想到你就很清楚明白的如何敘述你這個人的人格特質，這些人格特質是你自己平常的行為模式、個人嗜好、穿著打扮、說話語氣、情緒管理等等，漸漸的來影響你身邊的人對你的想法，在「**接受批評的勇氣**」裡面也有說到，你想改變你自己，你想學會換位思考，就要了解現階段的你給別人的感覺是什麼，目的是要了解什麼樣的行為模式或是說話語氣讓他人對你產生負面思想，你才有辦法去改變。

那意思就是說，當一個擁有換位思考的人，就能在對的場合，刻意在他人心中塑造自己想要的人格特質，使自己的管理輕鬆或是達到其目的。這種場合能發生在所有類型的相處關係。

所謂的思想誘導就是一個擁有換位思考的人透過思想誘導盡可能讓他人學會情緒判斷。

被誘導者不一定要先學會情緒控制，才能誘導他學會情緒判斷，我遇過一些案例，已經擁有情緒判斷了，但情緒控制卻很差。

無意識自我為中心思想誘導

（一）不在乎場合的做自己

我曾經遇到一個白天工作是管理階層的一位女性，很有大姊頭的氣魄，管理員工也有一套，晚上來兼職打工，身為最基層員工的她，依然使出白天工作的氣魄跟其他員工相處，所以被排擠，她其實沒有錯，只是她無時無刻都在做自己，無意識地傷害了自己的人際關係。

我曾經遇到一位工作上的同事，他的個性是一個好好先生，但他在工作上是一個高階的管理者，對遵守規定的員工與愛遲到的員工都展現好好先生的個性，愛遲到員工不會排擠他，反而是被管理層的同事與好員工排擠，對他的人際關係造成影響。

（二）不在乎場合的說自己想說的話

那是我大學時發生的事情，跟同學去超便宜的自助餐吃午餐，看到自助餐店裡面的員工與老闆娘突然吵起架來，似乎是某道菜冷冷的，那道菜似乎是隔夜菜，老闆娘怪罪員工才沒加熱好導致客人吃到冷冷的菜，員工就在客人面前大聲講「為什麼隔夜幾天的菜肉可以供應給客人吃，都沒在注重品質」老闆娘卻回了一句致命的話「你懂什麼！又不是你在承擔這家店有沒有賺錢。」在那一瞬間就彷彿被按了時間暫停器一樣所有人的動作都停止了，眼前正在吃的菜可能好幾天前的，但其實只有隔夜，老闆娘也很難解釋了。

據朋友回想他小時候，大約是八、九歲時，父母在他面前吵架吵到鄰居受不了報警，說的話大概是「小孩都是誰在顧」「誰比較辛苦」「經濟壓力問題」「教育問題」，最後變成「是不是有婚外情」「離婚問題」而最嚴重的是如果離婚，小孩子就像皮球一樣父母雙方誰也不願意帶走這個小孩，也就是我朋友，當下的他沒有哭，因為他不懂什麼是「離婚」，之後跟了母親，母親將他丟給外婆，自己跟了男友住外面，我朋友對這對父母充滿了恨意，把自己封閉起來，就好像自己的存在而導致了父母離婚一樣，直到遇到我，遇到換位思考思想。

（三）不在乎場合的做自己想做的事情

以前我的家庭是屬於嚴格的放縱式家庭教育，除了不能做壞事，其他的幾乎沒教，小學一年級，早自習時，全班同學都在讀書寫字，只有我因為對讀書十分反感沒興趣，我就開始找前後左右的同學聊天，同學們卻表露出一臉不悅的表情，之後我就被孤立了，我近幾年想起來才知道自己當時多麼沒禮貌

以前我在早餐店工作時，大家都有屬於自己的工作內容，所有人都還在忙時，其中一個工讀生因為自己的工作已經做完了，就坐下來休息，那一刻，所有人開始對她產生了負面的評價。其實她也沒錯，自己的工作做完為什麼不能休息，但是當多數人的想法都是能互相幫忙就互相幫忙時，在同一個工作場合，被認為做錯的沒觀念的就是那個工讀生。

（四）不在乎場合的展現自己的習慣

我有一位女性朋友跟我分享自己剛嫁過去就被公婆唾棄，聽完她的故事後我的白眼差點翻到後腦勺去，我朋友她家有一個習慣，就是在自己家時，因為都是一家人，共用的大瓶飲料都直接對嘴喝，而不是倒杯子，她將這個習慣帶到公婆家，這個習慣馬上遭到公婆家所有人封殺，吃完晚餐後的碗筷，我朋友的習慣是什麼時候

洗都可以，放個一天兩天也沒關係。就因為這兩件是，公婆及她先生的弟妹，從此對我朋友產生了「習慣很差又很沒衛生觀念的女人」。

那也是小學發生的事情，大概是六年級，那時的我已經會各式各樣的髒話了，有一次我打給我的同學聊天順便抱怨一些事情，那個年代還只有家用電話可以打，聊天聊到一半我同學突然很小聲地跟我說「我媽媽來了現在在我旁邊」，我只回答了他：「喔！」接下來的聊天過程我一樣髒話滿天飛，我同學的媽媽是能夠很清楚的聽到電話裡我的聲音，之後，我同學就被他媽媽打了一頓，我們就再也沒有交集了，這很正常，當時對他媽媽來說我就是一個壞朋友，我到現在仍然對那位同學感到很抱歉。

刻意的換位思考思想誘導

（一）在適當的場合展現最適當的人格

我有一位朋友，白天是「國中老師」，晚上是研究所學生，她的教授非常喜歡唱歌，時常下課之後會約學生們一起唱歌，而我的朋友非常討厭唱歌，而且唱的非常五音不全，但是如果太常拒絕教授的邀請感覺不太好，在同班同學眼裡可能會變成獨行女俠，畢竟自己年紀及想法與同學有一些落差，於是還是「爾偶」去唱了好幾次，那時的我聽到其實還挺羨慕那個教授的，我一直很想知道我朋友與胖虎到底誰厲害，直到去年回想起來我才知道其中的利害關係。

以前我在餐廳打工時有一位女性的上司，私底下我們都很要好，時常還會聊到今天又遇到了什麼狀況什麼奧客，說的話都是白癡來白癡去的。但她不管工作壓力有多大，心情好不好，還是家裡遇到什麼難題，只要她在客人及員工面前，永遠都能展現出標準的微笑服務，就算遇到找碴的客人，也能冷靜且面帶微笑的處理一切，她自己不知道，因為她在適當的場合展現最適當的人格，讓她自己非常具有領導力，員工都很喜歡她。

（二）在適當的場合說出最適當的話

我在餐廳打工時，突然聽到有個員工來上班的路上出了個小車禍了，我打聽了一下，那個員工平時表現並不好，而且還很常遲到。處理這件事情的經理一得知是那位常出狀況的員工後，電話聯絡時居然沒有表現出不耐煩的態度及口氣說道：「你還好嗎？有沒有受傷？你在哪裡發個地址給我我現在趕過去你那邊，不要跟對方吵架喔，等我喔我馬上到！」一切都很完美的按照標準的sop流程去處理，第一時間也是先關心那位員工的人生安全。那位經理的上司看到了經理的處理過程非常滿意，對這經理又增加了些信任度。周遭的員工看到即使面對的是狀況很差的員工，整個處理過程也沒有表現任何不耐煩的態度，那位經理在員工心中又增加了些領導威信。出狀況的員工感受到經理的關心及車禍後的幫助，之後就更有理由去要求那位員工的工作態度。

我曾經在一場演講聽到一段故事，一位太太抽獎抽中了一台研磨咖啡機，非常開心的太太馬上買了咖啡豆，隔天早上先生起床後，餐桌上就擺好了咖啡及早餐，迫不及待的太太要先生馬上喝喝看，但先生已經喝習慣了超濃縮黑咖啡加奶精不加糖，而太太泡的咖啡味道很淡而且有加糖，喝著不合胃口咖啡的先生說：「恩！味道還不錯，以後每天都能泡給我喝嗎？明天泡的時候咖啡味在濃一些，然後不加糖，加奶精就好，這樣我上班一整天都會很有精神，然後這咖啡豆挑的好，以後就都用這種！」不但不會傷到太太的心，還能增進夫妻感情，也能誘導太太將咖啡泡成自己喜歡的味道。

（三）在適當的場合做不失身分的事

我有一次在圖書館寫作業時，從樓上窗戶往下看到一群國中女學生在門口聚集，似乎在等人到齊，等的過程中每位女學生都展現出非常「活潑」的個性，我在二樓都能隱約聽到她們聊天聲，幾分鐘後，她們一票人進來安靜地各自找位子坐，開始今天各自的讀書進度，看似很簡單很平常的一件事情，但對於她們的年紀，穿著制服，展現出的行為讓我有一種「這學校的學生教的真好」的錯覺，小小的一件事就讓我對這學校多了份好感。

有一次我開車載著太太與小孩回老家的路上，後面的車子瘋狂的連續按喇叭，因為我前面也在塞車，所以我豪不在乎地繼續開著我的車，行駛一段距離後，後面的車子依然繼續瘋狂著按著喇叭，於是我就靠邊讓他先過我再走。我太太則有點生氣地說：「為什麼後面一直按喇叭很奇怪耶，前面就還在塞阿！」我則回答他：「對方可能家裡有急事或是大號快大出來了，體諒一下對方吧，萬一對方真的有急事，我們就做了一件好事不是嗎？」我現在身分是一位父親，我的一舉一動都在兒子眼裡，每一次的狀況都能讓兒子學到好的榜樣或是壞的榜樣，就看你有沒有換位思考思想。

（四）在適當的場合展現有利的習慣

去年，我帶著太太與兒子到台中度假，晚上則是到妹妹家借宿一晚，這樣比較省錢。我在自己家其實非常懶散，都沒有在摺棉被而且衣服還亂丟，但是在妹妹家借宿一晚後隔天早上起床還是把棉被折了一下擺放整齊，我與太太自己帶來的垃圾也是打包後帶走，下次有機會需要借住一晚，我想她們還是非常歡迎的。

有位朋友告訴我，他與他的親戚一起去溪邊烤肉，兩家人共四個大人五個小孩，玩的開不開心的話題沒講多少，反倒是一堆抱怨的話。說的是附近不遠處也有一夥人大概也是四個大人四個小孩，他們烤完肉後垃圾沒收就直接走了，怎麼會有這種人之類的。於是我問他：「那你們呢？」

我朋友則說：「都收的乾乾淨淨不用擔心！」我告訴他，這時候你應該用你的好習慣及他人的壞習慣給你們的小孩一個機會教育，讓他們知道什麼是公德心，下一個來烤肉的人會怎麼想。

問題鏡象化

在情緒勒索的章節說到什麼是問題鏡象化，所謂的問題鏡象化就是**你給別人的問題反而會讓你自己承擔另一個問題**，誘導他人學習情緒判斷就是如此，在狀況發生的瞬間了解自己的處置過程、情緒反應、語言及結果，會不會讓自己承擔另一個問題，排除這些問題，這個狀況就能幫助你增加他人對你的信任。

換位感受

誘導他人學會情緒判斷，**唯一**的辦法就是**讓被誘導者感受到從前自己施加不合理的事物在他人身上的感覺**，因為被誘導者是屬於自我為中心思想，就代表無法控制自己的情緒，因為無法控制自己的情緒所以會遷怒他人，無法做出最正確的判斷，說出最有利的話，最後即使知道自己脾氣不好引來很多麻煩，也拒絕改變，因為自尊心太高，為什麼拒絕改變，因為要改變自己必須先對他人承認自己的錯誤。

誘導方法

（一）展示自己

誘導他人時最大的障礙是避免讓被誘導者產生「**處理狀況的又不是你，你懂個屁，少對我指指點點**」的想法，要避免被誘導者有這種想法，誘導者就必須做到讓被誘導者**完全信任你**，你說的任何話對方才聽得進去，才會去好好思考。如何讓被誘導者完全信任你，就是利用你們有辦法**長時間相處**的情況下，**展示自己的工作能力有多強**、**自己有多快樂**、**人際關係有多好**、**自己事業或課業有多成功**等等，無論與被誘導者是何種關係，都能引起對方極大的好奇心，為了不讓他人認為你在到處炫耀，請誘導者善用同意語言的差別。

透過這些行為讓被誘導者的心中對你產生好奇心、羨慕感、崇拜感，被誘導者的思想就會因你的行為而慢慢改變，這種改變其實只是對於誘導者個人評價的改變，時間久了，這種**正向的評價就會轉變成信任**，時間越長，就對你越信任，只要被誘導者信任你，你想說的任何話，被誘導者就有辦法吸收，他就會想要**些許的改變自己**。

（二）分享錯誤經驗的勇氣

當被誘導者完全信任你時，你說的話被誘導者就能聽得進去並且思考，而被誘導者真正的問題在於**自我為中心思想**，因為家庭教育造就了被誘導者的自我為中心思想，所以誘導者必須讓被誘導者從自我為中心思想慢慢地轉化成換位思考思想，就是透過**分享過去的錯誤經驗**及**分享現在的成功經驗**，讓被誘導者了解面對狀況發生時心境如何做轉換、情緒如何做判斷、如何用換位思考去看待人事物，過去與現在的經驗如何透過換位思考而讓前後有所差異，而這個差異就是**獲得幸福的起源**。

比如說家裡有個時常對你情緒勒索父親，以前即將回到家面對他的心情與現在面對他的心情。

比如說工作的地方讓我感到壓力很大很不快樂，但為了錢我不能辭職，以前要去公司路上的心情及現在要去路上的心情。

比如說孩子剛出生半年，半夜常常哭鬧使自己不好睡覺，白天又要工作，以前面對孩子的心情及現在面對孩子的心情。

比如說課業給我的壓力很大，放學後也是直接去補習，父母不聞不問只關心課業，以前面對課業的心情及現在面對課業的心情。

比如說太太的情緒管理極差又有大小姐的脾氣，以前面對她鬧脾氣的心情及現在面對她鬧脾氣的心情。

以上種種對比只是在說明兩件事情「**如果你無法改變你的人生，就只能改變你的心境讓自己獲得幸福」「因為透過換位思考及情緒管理來改變我的心境，所以我無時無刻都在獲得幸福」**

透過這些前後經驗的對比讓被誘導者知道兩者之間的差異性，使他自己思考進而想去改變自己，只有自己才能改變自己，所以思想誘導就是誘導他人想要改變自己，而不是誘導者直接去改變被誘導者，只是分享經驗，不是教育他人。

（三）問題鏡象化分享

不可能每次的情緒判斷都能顧及所有人，根據誘導者與被誘導者之間長時間相處的場合，彼此的角色定位來判斷，問題發生的狀況是要**利己原則**還是要**利他原則**，當無論是哪種原則都會產生問題鏡象化，然後讓自己被別人討厭。被討厭的感覺並不好受，但換個角度想，討厭你的人不懂你在想什麼，將來總有一天他們會明白，所以被討厭就被討厭，他們怎麼想是他們的事情，你只需要做你自己認為對的事情就好。

比如說職場上的管理者，如果不嚴格管理，可以跟員工相處融洽，員工也會很喜歡你，但員工做錯事你就無法嚴厲要求。嚴格管理，可以要求員工達到公司要的績效，但自己的人際關係就會出問題，使自己再有困難的時候沒人要幫你。

比如說父母培育小孩，疼愛小孩可以跟小孩相處融洽快樂，但會導致小孩過度依賴長不大，或是變成宅男宅女課業不佳。嚴格教育小孩會使小孩壓力很大，對父母產生恐懼或是憎恨的心情，但是小孩長大後比較能走向自己正確的道路，也有強大的內心不怕吃苦。

比如說你有一個從學生時代交往很久的女朋友，年齡越大心思越成熟，但女朋友卻還是像小孩子一樣愛鬧脾氣，如果直接分手，自己可以找更好的對象，對自己未來也更有幫助，但自己非常捨不得，而且會遭受到周遭朋友的輿論壓力。如果不分手一直到接婚年齡，女友還是一樣的個性，沒有了周遭朋友的輿論壓力，自己其實還是很愛她，但結了婚之後女友的脾氣就是你們未來最大的問題，變成男方要承擔。

比如說自己的丈夫時常對自己施暴情緒勒索，讓自己左右為難，如果離婚，自己就輕鬆多了，但小孩從此就沒了父親或母親，對小孩未來會有極大的影響，只是因為夫妻相處問題。但如果不離婚，就會持續被情緒勒索，自己活在痛苦的婚姻枷鎖之中。

以上這些案例的狀況都會被問題鏡像化，既然如此，那就選擇自己認為對的事情就好，被討厭就被討厭，選擇完後產生的新的問題，再去面對它、分析它、解決它就好。

被誘導者是沒有完整的換位思考能力，在面對問題鏡像化時，只需要讓他知道**在做自己的同時又能兼顧情緒判斷**就好，做到了，那就是**些許的改變**。

CHAPTER 6

第六部

換位思考思想——家庭教育篇

家庭教育

當各位讀到這裡時，讓我們來回想一下這本書最一開始我所講的「家庭教育」及「校園環境」給孩子們的影響。教育孩子其實就是一種思想誘導，因為**孩子最長時間跟家人相處在一起，也絕對信任父母**，所以父母表現出來的言行舉止、說話方式、個人習慣、倫理道德觀念、教育模式等等，就是思想誘導，而這種誘導就是所謂的「無意識的自我為中心思想誘導」或是「刻意識的換位思考思想誘導」。

教育是一種傳承，必須隨著時代變化而變化，與時俱進。以前的教育模式在現代來看，已經不一樣太多了。

以前的男主外女主內的傳統家庭變成雙薪家庭時，對於孩子的教育會有什麼樣的影響。

科技越來越進步時，對於孩子的教育需要做什麼樣的轉變。

外在物質誘惑太多，如何有效教育孩子的自制力。

當巨大的工作壓力壓著你時，你只有兩個選擇：

（一）換工作：好處是不用在面對這些巨大且不愉快的壓力，壞處就是選擇了逃避壓力後無法發現自己本身的問題，難以進步，下次遇到同樣問題也選擇辭職來逃避壓力。

（二）忍耐：環境會塑造一個人，可能變好也可能變壞，全看你自己是用換位思考思想還是自我為中心思想去上班，換位思考思想會讓你內心強大並且適時調適心情快樂的上班，而自我為中心思想只會不停的問題鏡象化，永遠認為是他人的錯並且不對公司忠誠。

而塑造孩子的環境就是**家庭教育**，孩子沒辦法選擇換一個家庭教育環境，所以只有第二個選項就是**忍耐**，而這種環境就區分**全面性家庭教育**、**嚴格式家庭教育**、**放縱式家庭教育**，決定要用什麼樣家庭教育來思想誘導孩子，就是看父母是擁有**換位思考思想**還是**自我為中心思想**，其實在每個人心中，這兩種思想都是存在的，只是比重的問題，放縱式教育家庭的白我為中心思想比重就多些，而全面性教育家庭的換位思考思想比重就多些，兩種思想各占一半就是嚴格式教育家庭。

全面性教育家庭父母的換位思考思想，清楚明白的知道自己就是孩子的榜樣，父母的一舉一動都會被孩子模仿去，為了孩子的將來，會改變自己的壞習慣壞思想，學習好的習慣及正確的教育計劃，盡可能的給孩子最正確的榜樣去模仿。

嚴格式教育家庭父母的換位思考思想，會為了孩子的將來嚴格的教育孩子行為及論理道德觀念，但是**自我為中心思想**讓自己忘記一件最重要的事情，**父母說不能做壞事與自己認為不能做壞事**，我看過太多的案例在我身邊發生，狀況發生機會教育孩子時，孩子想做什麼，父母的教導是「不行就是不行」，否則我就打你，也不會多做解釋，孩子的心中依然有疑問但不敢吭聲因為怕被打怕被罵。我之前在早餐店看見一個大約七歲的小妹妹跟她的父親說想喝咖啡，父親的回答是小孩子不能喝咖啡，小妹妹則是回答說為什麼，父親說不行就是不行問那麼多幹嘛？為什麼不能亂丟垃圾，因為會被媽媽罵。為什麼不能亂拿同學的東西，因為怕被媽媽罵。

全面性教育家庭與嚴格式教育家庭最大的差別就是在這，**自主性思想**。

全面性教育家庭：我自己認為不能這麼做，就是對自己負責，做了後果自己與父母要共同承擔。

嚴格式教育家庭：父母教我不能這麼做，就是對父母負責，做了的後果是自己要承擔（被打）。

嚴格式教育家庭的父母是深愛孩子的，也想好好教育孩子，但卻不知道自己塑造的環境會影響孩子的思想，如果知道自己塑造的環境會影響孩子的思想父母就會想辦法改變自己，沒有任何理由與藉口說沒辦法做到。

放縱式教育家庭的自我為中心思想，小孩的將來與我沒有太大關係，我有負責把你養大就好，剩下的自己摸索自己想辦法，孩子做錯事一樣會懲罰，除此之外沒有其他教育方針，只要不要煩我，手機拿去玩。

那麼，再回頭來探討一下什麼是**交友圈**，要改變一個人必須滿足兩個最主要的條件，（一）他必須完全相信你，（二）你們必須有辦法長時間相處。所以校園環境就是一個改變他人的完美場所，而真正滿足這兩個條件的並不是老師，而是朋友，一群擁有**相同興趣**的朋友，打個比方：文靜且愛好讀書的學生不會跟脾氣暴躁且極度討厭讀書的學生做朋友。喜好運動的學生不會去跟宅男宅女做朋友。認為打電動是浪費生命的學生不會去跟把打電動當成是生命的學生做朋友。意思就是沒有相同興趣的學生就沒有相同的話題可以聊天，沒有相同的認知就不會深交，因為沒辦法互相理解對方，自然不會在班上形成朋友圈。反過來想，**孩子的交友圈是由父母塑造的教育環境來決定的，與孩子本身及老師們無關**。

全面性教育家庭的孩子與放縱是教育家庭的孩子彼此之間是無法理解對方的，自然不會被互相所影響，而最容易受影響的就是嚴格式教育家庭，嚴格式教育家庭的父母，換位思考思想的比例比稍微比自我為中心思想還多一些，就比較可能受全面性教育家庭的孩子影響而深交，反之，自我為中心思想比例比換位思考思想還多一些，就容易受放縱式家庭教育的孩子所影響，最容易被影響時期就是**叛逆期**時。

叛逆期

孩子的叛逆期是一連串的問題所引發的，最容易發生的是嚴格式教育家庭，回想一下嚴格式教育家庭的教育方式：只嚴格管教你的行為及倫理道德觀念，其他的管不嚴或是沒在管，並且不太約束自己的行為而在孩子面前展露。思想誘導的兩個條件：（一）他必須完全相信你，（二）你們必須有辦法長時間相處。孩子在上國中前，因為年紀還太小，無法反抗父母，加上父母提供吃、住、學費給孩子，所以國中前孩子是信任父母的，但是嚴格式教育家庭對孩子不能做的事情自己卻在做，或是不多做解釋為什麼不行，在孩子心中就會產生不滿不爽但無法反抗，這種情緒只能不斷累積。當這種不滿不爽的心情累積越多，伴隨著孩子年紀越大越有自主思想時，就會發現在校園環境的朋友圈裡似乎也有很多相同的狀況，擁有同樣的話題就會形成朋友圈，進而轉變成對朋友信任而不是對父母信任，到了這一步，父母就無再對孩子進行思想誘導了，因為孩子不再信任父母，思想誘導的條件不滿足就無法對孩子進行誘導及管束。父母說什麼孩子都會反抗回嗆、叫不動、親子關係惡化等等，這就是叛逆期的由來。其實原因只有一個，**就是你要求我的事情你自己也要做到，如果是你要求我的事情你自己可以做，請你合理的解釋來說服我為什麼你可以我不行。**不光是對孩子的教育，在職場上擔任領導職也是同樣的方式才有辦法領導部屬。解決孩子心中的疑惑，就能讓孩子持續對父母信任，孩子在校園環境裡就不易受到交友圈影響。舉個例子：

孩子：爸爸我也要抽菸。

嚴格式教育家庭；小孩子抽什麼菸欠打是不是。

全面性教育家庭：你現在還在發育期肺部功能不成熟，所以你現在抽菸會有生命危險，這只能等到你滿十八歲之後懂嗎？

孩子：媽媽我也要玩手機。

嚴格式教育家庭；小孩子玩什麼手機，快去讀書！欠罵是不是。

全面性教育家庭：媽媽不是玩手機，手機是用來查資料打電話記事情用的懂嗎，你有什麼資料需要查嗎？

孩子：爸爸我也要喝咖啡。

嚴格式教育家庭：小孩子喝什麼咖啡阿！等一下晚上睡不著覺看你怎麼辦。

全面性教育家庭：你現在還在發育期，咖啡裡含的咖啡因會對你的食慾造成影響，而且會有成癮效果，至少要等到十二歲之後懂嗎？

孩子：我還想繼續看電視。

嚴格式教育家庭：還看？看這麼多電視幹嘛，還不快去讀書！（父母自己繼續看）

全面性教育家庭：有娛樂時間也要有讀書時間，現在讀書時間到了就要去讀書，我來陪你一起讀，而且看太久電視會讓你眼睛近視懂嗎？

意思就是每一次的狀況都是思想誘導的機會，也是讓孩子對父母信任增加的機會，除了多做解釋之外，還必須做到讓孩子有**自主思想及自我約束的能力**。

回想一下什麼是**問題鏡象化**？

所謂的問題鏡象化，就是**你給別人的問題反而會讓你自己承擔另一種問題**，因為孩子年紀還太小，所以孩子自己製造的問題並不知道反而會讓自己承擔另一種問題，而這另一種自己承擔的問題就需要父母去告知孩子，並且誘導孩子去換位思考，如果將問題鏡象化套入剛剛的案例。

孩子：爸爸我也要抽菸。

解釋原因：你現在還在發育期肺部功能不成熟，這只能等到你滿十八歲之後懂嗎？

問題鏡象化：你知道你現在這個年紀抽菸會發生什麼是嗎？如果你現在抽菸會對你還在發育的肺有極大的損傷，會有生命危險懂嗎？

孩子：媽媽我也要玩手機。

解釋原因：媽媽不是玩手機，手機是用來查資料打電話記事情用的懂嗎，你有什麼資料需要查嗎？

問題鏡象化：你知道你現在太常接觸手機會發生什麼事嗎？你現在太常接觸手機會讓你自己得到近視眼，戴眼鏡是一件非常麻煩的事情，而且手機遊戲手機影片會讓你上癮沉迷，讓你花更多時間在這上面，卻對未來一點幫助也沒有。

孩子：爸爸我也要喝咖啡。

解釋原因：你現在還在發育期，咖啡裡含的咖啡因會對你的食慾造成影響，而且會有成癮效果，至少要等到十二歲之後懂嗎？

問題鏡象化：但是如果你現在喝了，會讓你晚上想睡覺卻睡不著，白天上課起不來，無法集中精神讀書，懂嗎？

孩子：我還想繼續看電視。

解釋原因：有娛樂時間也要有讀書時間，現在讀書時間到了就要去讀書，我來陪你一起讀。

問題鏡象化：如果你現在又繼續看電視了，你就沉迷在電視機這個娛樂圈裏面，忘記讀書的重要性，慢慢的每天只想著玩樂，你覺得變成這樣對你自己的將來會有幫助嗎？而且看太久電視會讓你眼睛近視懂嗎？

不過，孩子就像小貓咪一樣好奇心非常重，即使問題鏡象化了還是會有想去嘗試的想法，這時候就要做到**情緒判斷**，回想一下情緒判斷的內容

所謂的**情緒判斷，並不是不要生氣，而是在發生狀況的當下展現出最有利的情緒，說出最有利的話，使目的達成。**

為了達到阻止孩子有**想嘗試**看看的心態的目的，有時候必須展現出憤怒的情緒才能有效達成其目的，比如說孩子想學爸爸抽菸的案例，會危及到生命的事情，最

好就用憤怒情緒來表達，讓孩子知道事情嚴重性，連嘗試的想法都一併抹去。

比如說孩子想喝咖啡的案例，就不需要用到憤怒情緒，可以讓孩子喝一口超苦的純黑咖啡讓他從此打消想喝咖啡的想法。

剩下兩個案例就可以用到自身近視案例分享來警告孩子不要去嘗試。或是用憤怒情緒來表達其嚴重性，但是父母自己本身必須做好榜樣。

要如何情緒判斷全由發生狀況的當下父母自己去決定如何才能有效達成其目的

而使用情緒判斷的同時，務必切記**同意語言的差別**，（一）對象事小孩子，請盡量使用小孩子能聽懂的話去解釋或是情緒判斷。（二）講話不帶髒，否則孩子學去，在你看不到的地方使用髒話。（三）孩子內心還不夠強大，用詞必須謹慎不傷害到孩子的心靈。

再來回想一下，面對情緒勒索的處理流程，孩子**無意識所引發的問題與狀況**就是一種**情緒勒索**，而正確的處裡方式會讓孩子對父母增加信任，而且能夠培養孩子自主思想，使孩子不在你身邊也不會受交友圈影響。反之，錯誤的處理方式會讓孩子對父母越來越不信任進而引發叛逆期，並且極為容易受交友圈影響。

正確的處理流程：

（一）了解目的：冷靜的思考孩子現在真正的目的及想法。

（二）了解造因：會讓孩子引發這個狀況的原因，可能來自交友圈，也可能來自父母本身，比如孩子想玩手機遊戲的這個狀況是誰引發的。

（三）換位思考：孩子不會平白無故跟你說我也想抽菸，孩子本身並不知道抽菸對自己的危害，所以才無意識地引發這個問題給父母，並不是孩子的錯。

（四）解釋原因：增加孩子對父母的信任。

（五）問題鏡象化：培養孩子自主思想，「我認為自己不能，所以我不會去喝咖啡，與父母無關」

（六）情緒判斷：用最能有效達成目的情緒來處理狀況，尤其是孩子犯了你警告過的錯時，也為了避免孩子再次受交友圈影響。

這種孩子的思想誘導適用於七到十二歲，要知道思想誘導是必須長時間經營才能有成效的，不是說一、兩年就辦得到，這六年之間有可能因為放棄了或是錯失幾次處裡狀況的機會，就功虧一簣。而教育孩子，是一件非常非常非常累人的事情，為了避免要處裡過多的狀況，我們再來回想一下什麼是思想誘導。

當一個擁有換位思考的人，就能在對的場合，刻意在他人心中塑造自己想要的

人格特質，使自己的管理輕鬆或是達到其目的。

所謂的思想誘導就是一個擁有換位思考的人透過思想誘導讓他人學會情緒判斷。

為了讓自己在思想誘導孩子的這六年間能夠讓自己輕鬆點又能達到其目的，最好的辦法就是改變自己，只給孩子展現好的榜樣。這種改變並不是徹底改變，只需要做到**些許的改變**就好，這種些許的改變只是多想一些而已，比如說以前我會在孩子面前抽菸，為了在孩子面前展示良好的行為，所以我改成私底下抽菸。比如說我偶爾也會玩手機遊戲，但了在孩子面前展示良好的行為，我不在孩子面前玩手機遊戲並且灌輸手機是拿來查資料的而不是拿來玩遊戲的，但私底下還是會小玩一下紓解壓力。比如說父母因為一些事情起的衝突，但為了不給孩子造成，所以改成出去吵，或是在房間小聲的吵。比如說自己習慣一回家鞋子衣服包包全亂丟，但有了孩子之後，改成盡可能收好，私底下在房間或是在外面一樣亂丟。比如說已經習慣講話帶髒夏天不穿上衣的父親，生了女兒之後，在家就不再說髒話了也會好好穿衣服，但在朋友家依然如此等等，這些些許的改變其實非常容易，你只要多想一點就好。但還是會有風險存在，就是不小心露出馬腳或是受到情緒影響而忘記，所以教育小孩最好是能夠做到徹底改變，為了**徹底的改變**，就必須先做到**些許的改變**，為了做到些許的改變，就必須了解什麼是**無意識自我為中心思想誘導及刻意識的換位思考思想誘導**。

但是，儘管知道為了教育孩子必須做到些許的改變，還是會因為各種狀況難以執行，比如說單親家庭、雙薪家庭、特殊工作性質等這三種類型就缺乏思想誘導的「必須長時間相處」，再比如長輩或他人介入孩子教育、五代同堂互相教育理念不同使孩子喜好較快樂的一方、校園教育出狀況或是出現極端的交友圈等等這三種類型就缺乏思想誘導的「必須完全信任」。

這些狀況的存在使得孩子極為容易受到交友圈影響，就好像再賭運氣一樣。所以有些父母會覺得我也沒在管小孩，小孩長大也乖乖的，那是因為你們運氣好，孩子運到不錯的交友圈與校園環境。而有些父母卻會說我很用心在教小孩了，結果小孩長大還是學壞，那是因為你們運氣不好，孩子遇到不好的校園環境與交友圈而被改變。

家庭教育與校園教育都滿足思想誘導的兩個條件，而我們現代父母要做的就是盡可能把自己的家庭教育與老師們的校園教育做結合，朝同一種教育方式來共同教育孩子，這就是所謂的共教。

共教

以家庭教育為主，校園教育為輔，家長與老師互相合作教育孩子，使思想誘導統一化。

記住，不要把教育孩子的工作全推給學校或是補習班，這叫做轉嫁責任。教育是一件非常辛苦的工作，如果沒有共教，就會出現父母非常用心教小孩，學校教育卻非常懶散，不統一的情況下孩子大部分會選擇相信較快樂輕鬆的一方。或是學校老師教得非常用心，孩子回到家與父母分享卻一直遭到父母打槍，不統一的情況下孩子會產生迷惘於是選擇相信交友圈。

現在這個年代，有機會擔任全職媽媽在家全心全意的教育小孩的家庭非常稀少，就算有機會也會選擇出門工作，因為帶小孩真的非常累人。不管是工作關係還是特殊關係使得思想誘導無法滿足「必須長時間相處」、「必須完全信任」這兩個條件。做父母的必須先有勇氣面對問題，才有辦法分析問題，然後解決問題。而問題就是**如何找尋替代方案**來滿足「必須長時間相處」、「必須完全信任」這兩個條件，而**目的就是使孩子在七到十二歲這六年期間盡可能獲得自主思想**。

就好像情緒判斷一樣，先找到目的，在找尋達成目的的手段，面對問題，分析問題，解決問題。

滿足「必須長時間相處」、「必須完全信任」這兩個條件的替代方法其實非常多。身邊所有的一切都是你可以利用的資源。

比如說：**交換日記**。

為了滿足「必須長時間相處」的這個條件，可以使用與孩子的交換日記互相留言給對方想說的話、最近發生的事情、交了什麼朋友、學校的課業進度等等，透果交換日記的聊天方式，讓孩子知道媽媽因為工作關係無法時時刻刻在孩子身邊，但卻非常關心孩子。

比如說：**共同理念且信任的人**。

為了同時滿足「必須長時間相處」、「必須完全信任」這兩個條件，因為工作關係或是特殊關係只有極少時間能陪在孩子身邊，因為時間極少所以孩子容易受交友圈影響，所以必須找尋共同理念且信任的人，可能是長輩、親戚、認識的保母、最要好的朋友、兄弟姊妹等等，這些人必須擁有與父母相同的教育理念，才會有心幫你把孩子教好，而父母與共同理念且信任的這個人的教育方法、課程、時間安排、作息規定等等必須有共識，使教育孩子的工作一致化。但是如果你身邊的人沒有辦法理解你的教育理念，而你又將孩子託付給他，比如說自己的長輩，最後教育失敗的結果還是由父母承擔，不是自己的長輩。

比如說：視訊器材

為了滿足「必須長時間相處」，你可以與那個共同理念且信任的人說好每周的禮拜幾的晚上幾點到幾點是與孩子視訊聊天時間。可以透過視訊對談找出孩子的問題點，比如說孩子的心情有變化、個性有變化、說話方式有變化、肢體動作不協調、孩子現階段還有什麼改進控間、可以開始學習新的階段等等，很多狀況都可以透過面談來找尋出來，在與共同理念且信任的人實施討論，完成教育統一化。

比如說：**留言板**

為了滿足「必須完全信任」的這個條件，讓孩子在留言板上留下需要父母幫助的問題或疑惑，與交換日記不同的是，留言板只針對孩子遇到狀況時所使用，父母則是透過幫助孩子解決他的問題或是教育孩子讓孩子自己去解決自己的問題，以此來得到孩子對父母的信任，書寫方式也必須按照父母的規定，來訓練孩子的文法。

比如說：**校園教育的共教**

為了滿足「必須完全信任」的這個條件，父母有辦法做到「必須長時間相處」

的這個條件，校園教育也有辦法做到「必須長時間相處」的這個條件時，就代表雙方都有辦法做到「必須完全信任」的這個條件，這個信任的基礎在於教育內容、正確的習慣、正確的倫理道德觀念、交友圈狀況等等，雙方信任基礎沒有一致，上了國中就會出現叛逆期，使得孩子變得只信任交友圈，雙方信任基礎一致，才能使教育成果最大化，沒有任何一位老師不想把孩子教育好，否則就不會選擇老師的份非常辛苦的工作，全看父母如何與老師達成共識，完成教育統一化。

比如說：**夫妻互補**

當夫妻雙方都有工作且無法放棄自己長久以來經營的工作，但又不想找尋他人來照顧孩子時，為了同時滿足「必須長時間相處」、「必須完全信任」這兩個條件，這時候唯一的辦法就是夫妻工作時間調配，至少要有一方在顧著孩子，另一方可以休息或是在上班，為了達成夫妻互補的共識，父母雙方都必須擁有換位思考思想，才能長時間使用互補的方式同時教育孩子，又能輪替休息，輪替工作，輪替作家事。當用此方式的父母沒有換位思考能力，用不了多久就會出現誰比誰辛苦的爭吵內容。

說到這裡，讓我們回頭想一下換位思考的核心，**問題感知能力、危機處理能力、共同體思維。**

無倫你是哪種身分、幾歲年齡、什麼職務、遇到什麼問題、面臨什麼抉擇、人際關係、情緒管理，就連剛剛所提到的找尋「必須長時間相處」、「必須完全信任」這兩個條件的六個替代方法都建立於換位思考的核心。最終你的人生要快樂，還是必須習得換位思考思想。

當你的換位思考思想比自我為中心思想比例還多很多時，你的共同體就會因你的存在而越來越美好，這份思想也會因你而傳承下去，到這一步，你才是對「國家」這個共同體盡一份應盡的責任，而不是為了自己的共同體去犧牲其他的共同體，甚至做出違法的行為。

CHAPTER 7

第七部

換位思考思想——人際關係篇

什麼是人際關係

就我個人的看法，**人際關係是建立在相互利益利用之上的一種行為模式**。正因為一個人是無法存活的，人類才會相互依靠組織成團體，跟交友圈不同在於，只要你的存在有利於我或是我的共同體，我就可以跟你建立起人際關係，儘管彼此討厭對方。

人生下來就是為了他人而存在，因為人無法獨自生存，這就是人際關係的相互利益利用。

（一）比如說，上司跟部屬之間互相討厭對方，但部屬需要這份工作這份薪水，於是忍耐著與上司建立起相互利用的人際關係，而上司也很討厭這個部屬，但公司需要這個老經驗的人力來維持公司的生產，於是忍耐著與部屬建立起相互利用的人際關係。

（二）比如說，一群好姊妹之中有一個姊妹約逛街時經常遲到，而且有時候脾氣不太好，這是她的缺點，但也因為她逛街時經常請大家吃飯，而且姊妹有狀況有困難時也是會的一個跳出來幫忙的，這是她的優點，基於優缺點互補，其他姊妹依然會跟她維持著人際關係。

（三）比如說，一個班級裡，有成績好的也有成績不好的學生，也運動能力好的也有運動能力不好的，有人緣很好的也有人緣不好的，有長的好看的也有長不不好看的，各式各樣的人在一個團體裡建立起人際關係，通過相互比較才知道自己的優點在哪缺點在哪，他人的長處在哪短處在哪，這就是一種相互利益利用的人際關係。

（四）比如說，一家餐廳裡，有一位很刁鑽的常客，要求非常多講話非常不客氣，但這位客人幾乎每天都來消費，基於生意找想，還是選擇與這位客人保持著相互利益利用的人際關係。

（五）比如說，一個公家機關裡有一位年資相當老的學長，平常都不做事，上司也管不了他，非常看不順眼，但這個老學長人脈非常廣，有什麼督導、狀況、需要支援、協調等等有這個老學長出馬就能搞定一切，使這個公家機關單位能夠平穩的運作，基於這個利益利用之上，學弟妹們就願意與這位老學長保持著人際關係，只要這個學長不要太誇張。

當你擁有的換位思考思想比例較多時，你的人際關係就越好越廣闊，因為透過換位思考、情緒控制、情緒判斷、同意語言的差別等等，視野非常廣闊的你懂得見人說人話見鬼說鬼話，在對的場合展現適當的個性，你能利益利用的人就越多。

就像第一個案例，上司擁有**共同體思維**，為大局找想放下私慾，才會與討厭的人保持著人際關係，而部屬擁有**情緒控制**，才能為了薪水與討厭的上司保持著人際關係。

就像第二個案例，這群姊妹有辦法做到**欣賞她的優點，包容她的缺點**，才為了自己的利益繼續與她保持著相互利益利用的人際關係。

就像第三個案例，當你擁有換位思考時，就代表你能**了解自我**，透過**觀察他人及觀察環境**，與所有人建立起相互利益利用的人際關係，**好的能夠學起來使自己更好，壞的能夠記起來時時警惕自己**。

就像第四個案例，當你擁有**情緒判斷**時，就能為了餐廳笑臉迎接各式各樣的客人，為餐廳持續帶來更多的營收。

就像第五個案例，學弟妹們擁有**共同體思維**，就會為了公家機關這個共同體與這位老學長保持著人際關係，偶爾稍微反抗一下抱怨一下就好。

擁有換位思考思想的人不會到處樹立敵人，懂得隨機應變並且展示自己影響他人，所以人際關係絕對不差，也會讓周遭的人想跟你親近與你建立起人際關係，也就是說你的人際關係你的人緣人脈好不好取決於你的換位思考思想的比例有多少。

但是你的自我為中心思想比例大於換位思考思想時，你就會**毫無知覺在不停的做自己，在不對的時機不對的場合做自己**，你就會不停的樹立敵人，讓人看不懂你在幹麻，或是讓人輕易猜透你要幹麻，情緒控制不好處處遷怒他人，你的人際關係就會很差，甚至不會有人願意與你建立起人際關係，只會把你當成自己心中的案例而已。

就像第一個案例，上司與部屬如果是的自我為中心思想過多的人時，上司就會為了私慾處處刁難部屬，而部屬則無法控制自己的情緒，這個部門就會鬧的雞飛狗跳，小團體一堆，一個職場讓人呆不下去的就是這個職場的工作性質環境或是這個部門的管理人，工作環境不好但管理者很用心，員工們都和陸相處，就會讓人願意繼續做下去。但這部門的管理者自我為中心思想過多，毫無領導能力，再好的工作環境都會讓人想離職。

就像第二個案例，一群姊妹全都是自我為中心思想的人時，沒事就沒事，一有事就就會開始翻舊帳，吵的不可開交。因為彼此都是自我為中心思想的人，就做不到互相體諒互相包容。

就像第三個案例，這個班級的學生都是自我為中心思想的人時，就會看不見自己的缺點，然後忌妒他人的優點而在背後說人壞話，就會形成小團體，互相欺負著對方，就會形成所謂的校園霸凌。

就像第四個案例，當你的自我為中心思想過多時，就難以控制自己的情緒，遇到各種刁鑽的客人，即使免強接受這些客人，也會不自覺的把憤怒表現再語言及臉部表情上，然後再遷怒於他人，影響生意也影響工作氛圍。

就像第五個案例，這個公家機關的人如果自我為中心思想過多，就會不停的要求公平，誰比誰辛苦，誰比誰做的多，心理不平衡等等，並且不會循正常的管道抱怨，會直接與老學長對立，又會形成小團體。

並不是說做自己不好，做自己是一件非常重要的事情，這會讓自己了解自己，並且接受自己。但在相互利益利用的人際關係之上，我們要做的必須是利用情緒判斷，在對的時機展現出最適合的個性做出對的決定**但是不忘本**。

也就是說基於相互利益利用的原則，在適當的場合利用情緒判斷來做自己的，就能做好人際關係。

在日常生活中做自己，那是屬於真正的自己，是最舒適最放鬆的時刻，能夠了解自己忘記煩惱紓解壓力。

人類這個群體，並不存在所謂的真正的自由，因為我們必須相互幫助相互利用才能生存下去，想要能夠得到更多人的幫助，就必須處理好你的人際關係，為了處理好人際關係，就必須學會換位思考思想及情緒管理，你才能掌控自己及周遭的一切，到了這一步，或許就是一種自由。

CHAPTER 8

第八部

換位思考思想——意義論

我想用一套理論，來解決所有人的煩惱。

所謂的意義論，就是你經歷的挫折、痛苦、悲傷、壓力、問題、重大情節、甚至是失去親人等一些傷痛的事，都有它的意義存在。人的一生經歷的所有大大小小過程都有它的意義存在，只是你還有沒理解到、領悟到而已，這些意義，可能會回饋在你身上，也可能回饋在他人身上，這個回饋使你的經歷變得有意義而且有價值，意思就是換個角度去想，**命運讓你經歷這些事情就是為了某個意義產生回饋。**

比如說，我上班壓力很大，員工很難管，同事不好相處，為了錢我又不得不繼續在這裡工作下去，這是你當下的感受及想法，但是用意義論去理解你工作所承受的壓力，就變成我正因為壓力來時只會產生負面情緒、不會管理員工、不會職場人際關係，使我自己意識到我不足的地方，所以此時此刻才會在這裡工作，修練著我所不足的地方，使我自己比較願意去面對壓力、接受壓力進而讓自己的內心強大，等我歷練完成之後什麼事情都難不倒我。

比如說家裡有一個老人家經常情緒勒索我，以前的我不知道如何去面對、去處理情緒勒索，使我自己壓力很大、很厭煩、不想回家等等。但是用意義論去看待這事，就是命運讓你經歷情緒勒索是為了讓你去學習怎麼處裡情緒勒索，怎麼調整自己的情緒，如何換位思考，甚至可能讓你理解被情緒勒索的感覺，因為過去你也有可能勒索過他人。所以我理解，原來這是我人生中的一段歷練，我必須克服它，所以我願意面對它、接受它，這些歷練使我內心更強大，等我歷練完後傳承給自己的小孩，小孩長大成材就是一種美好的回饋。

比如說一對非常相愛的情侶，但因為習慣及想法的不同而時常吵架，這個吵架的意義就是相互成長一個過程，無論會不會結成夫妻，經過吵架給彼此帶來的悲傷、挫折、負面情緒就是雙方人生中的一段歷練，彼此歷練過了，就能給下一段戀情更好的感受，或是白頭偕老。

比如說我的小孩在路上被人開車撞死了，父母及親朋好友承受了極大的痛苦，而肇事者只判了十年有期徒刑，原因是肇事者被判定有精神官能症，法官即使不願意也只能按照現行的法律來判刑，此案引起社會大眾極大的不滿，於是開始進行修法，這個孩子的死，意義就是讓國家發現法律漏洞而進行修法，將這個意義回饋在其他人民身上。沒有人願意這種事情發生在自己的孩子身上，但如果真的發生了，至少能盡快將父母的傷痛恢復，因為人民更安全了些。

所以意義論，就是讓你知道，你經歷的所有事情，都有意義的存在，我們必須去找尋那個意義，當你理解了、領悟了，你才有勇氣去面對它，而我們人遇到挫折、痛苦、悲傷、壓力時最難做到的其實就是面對它，不願意面對它就永遠無法成長。

這些痛苦的過程是暫時的，而記憶是永久的，如果你找到了這些過程存在的意義，你就願意去面對它、理解它，有一天你或是他人因此得到了正面回饋，回想起這段痛苦記憶時就不會這麼悲傷或是痛苦。

相反地，如果你一直沒找到這些痛苦過程存在的意義，你就難以面對它、接受它，你就無法成長，得不到正面回饋，每次回想起這份痛苦記憶時就會十分悲傷無法釋懷，這就是憂鬱。

什麼是換位思考思想

換位思考思想是一個以共同體為主體的思考方式。

當你擁有換位思考思想時，

你就能控制自己的情緒，調整他人的情緒。

你就能夠處裡各類型的情緒勒索，並且預防情緒勒索發生。

你就能夠誘導你身邊重要的人或是共同體的情緒及思想。

你就能夠處理好你自己的家庭及家庭教育。

你就能夠處理好各類型的人際關係。

最後，當你懂得什麼是意義論時，就能夠擁有強大的內心，勇敢地去面對你所遇到的所有問題。

你就能掌控你僅有一次的人生，使幸福與快樂無時無刻伴隨在你左右。

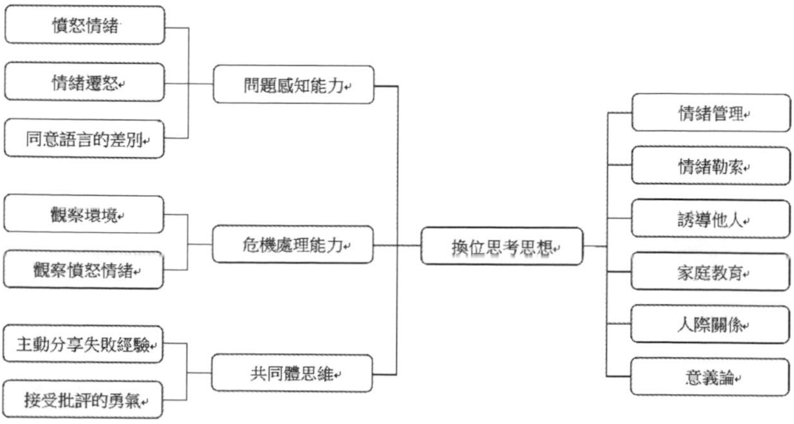

▲換位思考思想關係圖

CHAPTER 9

第九部

理想論

我所期望的，是換位思考思想能成為我們台灣人的一種思想文化，當這種思想普及化時，就能避免許多悲劇發生，讓人能在做任何事情、任何決定、說出來的話、能夠想遠一點、想多一點。

在面對任何問題、各種狀況、各種壓力時，能夠先冷靜心情，勇敢面對它、分析它、解決它，在面對問題時，不管是不是由你引發的，最後還是要由你自己來解決，旁人只能協助。

換位思考思想也能讓各類型的家庭教育水準變得更好，家庭教育是最根本的問題，為了解決最根本的問題，需要政府的支持，這種思想才能一代又一代的推動。

殘酷的現實

（一）科技只會越來越進步，人們在享受科技帶來的快樂後，就無法脫離這種慾望沉淪，這種沉淪是不分男女老少的，人們的注意力被科技帶來的便利及快樂吸引住了之後，為了不想失去這種快樂，就會無意識的把自我為中心思想佔據自己的內心，而生小孩、養小孩、照顧小孩就是壟斷娛樂慾望最主要的的要素之一，所以生育率才會降低，不是養不起，而是不想養。

（二）科技在進步，人們的思想本應也要跟著前進，但跟著前進的卻只有少部分的人，這是個我們必須面對的事實，一個殘酷的事實。科技進步帶給人們的便利與快樂，使大多數的人們沉淪後，即使結了婚生了小孩，家庭教育種類也會隨著科技越來越進步而倒退，這是一種極大的危機，各位可以試著想一下，我們台灣人民大部分的家庭教育種類隨著科技進步逐漸普及成「嚴格式」、「嚴格式與放縱式之間」、「放縱式」時，沒有所謂的共教，孩子們的未來模樣幾乎全掌握在校園環境及交友圈之中，也就是在碰運氣，這種狀況如果繼續放著不管，只會越來越惡化，到無法挽回的局面。

（三）受到少子化衝擊的教育機關，學生越來越少，使得有些學校沒辦法繼續經營，為了爭取更多學生，招生的門檻、教育的水準、教育的職業道德就會受影響，被影響的就是各階層的學生們，使國家整體教育水準在國際上慢慢的失去競爭力。

（四）受到募兵制政策的壓力，國家的軍隊被迫從這些人之中進行招募，從軍的心態及戰力可能就會受影響，而畢業後的男生們年齡到了入伍階段後，從軍的心態也會有所變化。

（五）孩子們離開校園，成年後的他們對未來沒有目標，即使找了份工作，在職場上的心態也會受影響，差別在於「賺錢的目的」。當自我為中心思想越強烈，在工作類型中，越辛苦的工作，堅持下去的人就越少，使得一種現象越來越普遍，就是「高階幹部年輕化」。

（六）到了適婚年齡，依然屬於自我為中心思想為重，不結婚、結婚不生小孩的比例就會更高，結了婚生了小孩卻用著「嚴格式與放縱式之間」、「放縱式」的家庭教育來教育孩子，就連夫妻之間的相處也是一個大問題。

這六個問題是一個惡性的因果循環，不管是哪個單位，哪個機關，能決定「政策及規定」的人不可能不知道我所講的惡性因果循環，但大部分的心態都是「那是你基層單位的問題，請貴單位想辦法克服」，最後就會出現「上有政策、下有對策」違背道德的做法出現，只求自保。

我的理想論

要阻止這種惡性因果循環，各階層年齡、各種身分各有不同的解決辦法。

（一）以現階段來看，必須先在國中以下的教育內容增設「**換位思考思想或是類似的思想、慾望的控制**」，盡可能使該年齡層的孩子長大後是正向的發展。

（二）在高中、大學的校園裡請講師不斷的巡迴演講「**情緒管理、情緒控制、情緒判斷**」，知識與技術固然重要，但無法控制自己的情緒就會衍生出許多無法挽回的問題，最後這些問題還是會回饋到職場上及家庭教育上。

（三）只要是成年人，不管你會不會結婚，會不會生小孩，都必須要工作賺錢，那就可以請政府機關聘請講師，在各基層單位、各工作職場進行演講及換位思考思想的思想誘導，內容有「**換位思考、情緒管理、情緒控制、情緒判斷、情緒勒索、做不做自己、情緒誘導、思想誘導**」，這些人既是員工身分，也可能是父母身分，也可能是教育單位身分。這樣可以幫助各企業解決員工心理素質及心態問題，也能對做父母的進行換位思考思想的思想誘導，也能重拾教育單位的教育職業道德。

（四）**聯合企業的心理諮詢師普及化**，心理諮詢師聘請的費用由政府及該聯合企業一同支付，該心理諮詢師可因應各企業需求對員工進行演講，員工職場上的人際關係問題、家庭教育問題、夫妻相處問題等各種問題都可以免費向這些心理諮詢師來進行面談或是視訊，使人們有任何問題或狀況第一個想到的就是這群心理諮詢師，讓諮詢變成一種普及的行為。

以上這些是屬於大方向的思想誘導，一定還有許多方法可以實現我的理想論，已經擁有換位思考的人們，希望你們跟我一樣，一同將這個思想誘導給你身邊需要幫助的人，因為會看書增加知識的人就會去看書，不會的就是不會，只要你能使身邊有需要幫助的人能做到**些許的改變**，他們的共同體就能因此而更美好。

我的思想文化

最後，我再一次強調，**意義論、換位思考思想及情緒管理能解決所有人的各種煩惱**，無一例外。

我會一直貫徹我的思想給需要幫助的人們，直到我成功，或是我死去。

國家圖書館出版品預行編目資料

些許的改變／陳詩凱著. --初版.--臺中市：白象文化事業有限公司，2021.8
面； 公分
ISBN 978-986-5488-77-2（平裝）
1.情緒管理 2.生活指導 3.修身
176.52 110008817

些許的改變

作　　者　陳詩凱
校　　對　陳詩凱
專案主編　林榮威
出版編印　林榮威、陳逸儒、黃麗穎
設計創意　張禮南、何佳諠
經銷推廣　李莉吟、莊博亞、劉育姍、李如玉
經紀企劃　張輝潭、徐錦淳、黃姿虹
營運管理　林金郎、曾千熏
發 行 人　張輝潭
出版發行　白象文化事業有限公司
412台中市大里區科技路1號8樓之2（台中軟體園區）
出版專線：（04）2496-5995　傳真：（04）2496-9901
401台中市東區和平街228巷44號（經銷部）
購書專線：（04）2220-8589　傳真：（04）2220-8505
印　　刷　基盛印刷工場
初版一刷　2021年8月
定　　價　250元